◢ Schöningh

EinFach
Deutsch

Gottfried Keller

Romeo und Julia
auf dem Dorfe

Novelle

Erarbeitet und mit Anmerkungen
versehen von Helge Wilhelm Seemann

Herausgegeben von
Johannes Diekhans

Bildnachweis:

|akg-images GmbH, Berlin: 98. |alamy images, Abingdon/Oxfordshire: bilwisse-dition Ltd. & Co. KG 97; Lebrecht Music and Arts Photo Library 91; Paul Fearn 95, 127. |bpk-Bildagentur, Berlin: 100, 102. |Picture-Alliance GmbH, Frankfurt/M.: KEYSTONE 93; KEYSTONE/PHOTOPRESS-ARCHIV 92.

© ab 2004 Bildungshaus Schulbuchverlage
Westermann Schroedel Diesterweg Schöningh Winklers GmbH,
Georg-Westermann-Allee 66, 38104 Braunschweig
www.westermann.de

Druck A^{22} / Jahr 2025
Alle Drucke der Serie A sind im Unterricht parallel verwendbar.

Umschlaggestaltung: Jennifer Kirchhof
Druck und Bindung: Westermann Druck GmbH,
Georg-Westermann-Allee 66, 38104 Braunschweig

ISBN 978-3-14-**022297**-6

Gottfried Keller:
Romeo und Julia auf dem Dorfe

Diese Geschichte zu erzählen würde eine müßige[1] Nachahmung sein, wenn sie nicht auf einem wirklichen Vorfall[2] beruhte, zum Beweise, wie tief im Menschenleben jede jener Fabeln[3] wurzelt, auf welche die großen alten Werke[4] gebaut sind. Die Zahl solcher Fabeln ist 5 mäßig; aber stets treten sie in neuem Gewande wieder in die Erscheinung und zwingen alsdann die Hand, sie festzuhalten.

An dem schönen Flusse, der eine halbe Stunde entfernt an Seldwyl[5] vorüberzieht, erhebt sich eine weit gedehn- 10 te Erdwelle und verliert sich, selber wohlbebaut, in der fruchtbaren Ebene. Fern an ihrem Fuße liegt ein Dorf, welches manche große Bauernhöfe enthält, und über die sanfte Anhöhe lagen vor Jahren drei prächtige lange Äkker weit hingestreckt gleich drei riesigen Bändern ne- 15 beneinander. An einem sonnigen Septembermorgen pflügten zwei Bauern auf zweien dieser Äcker, und zwar auf jedem der beiden äußersten; der mittlere schien seit langen Jahren brach[6] und wüst zu liegen, denn er war mit Steinen und hohem Unkraut bedeckt und eine 20 Welt von geflügelten Tierchen summte ungestört über ihm. Die Bauern aber, welche zu beiden Seiten hinter ihrem Pfluge gingen, waren lange knochige Männer von ungefähr vierzig Jahren und verkündeten auf den ersten Blick den sichern, gut besorgten Bauersmann. Sie trugen 25 kurze Kniehosen von starkem Zwillich[7], an dem jede Falte ihre unveränderliche Lage hatte und wie in Stein

---

[1] überflüssige
[2] vgl. S. 106ff.
[3] lat. fabula: Geschichte, Vorfall, Handlungsablauf, Kern eines Dramas oder einer Erzählung
[4] Gemeint sind die bedeutenden Werke von Dichtern der Vergangenheit, z.B. von Shakespeare.
[5] Ein von Keller frei erfundener Ort in der Schweiz. Der Name geht zurück auf die mittelhochdeutschen Wörter saelde = Glück, Glückseligkeit und wyler = Weiler (kleines Dorf), bedeutet also so viel wie „Dorf, in dem die Glückseligkeit zu Hause ist".
[6] nicht bebaut, vgl. Brachland = unbebautes Land
[7] mittelhochdeutsch zwî = zwei, lateinisch licium = Faden, also ein zweifädiges (Leinen)gewebe

gemeißelt aussah. Wenn sie, auf ein Hindernis stoßend, den Pflug fester fassten, so zitterten die groben Hemdärmel von der leichten Erschütterung, indessen die wohlrasierten Gesichter ruhig und aufmerksam, aber ein we-
5 nig blinzelnd in den Sonnenschein vor sich hinschauten, die Furche bemaßen oder auch wohl zuweilen sich umsahen, wenn ein fernes Geräusch die Stille des Landes unterbrach. Langsam und mit einer gewissen natürlichen Zierlichkeit setzten sie einen Fuß um den andern
10 vorwärts und keiner sprach ein Wort, außer wenn er etwa dem Knechte, der die stattlichen Pferde antrieb, eine Anweisung gab. So glichen sie einander vollkommen in einiger Entfernung; denn sie stellten die ursprüngliche Art dieser Gegend dar[1], und man hätte sie auf den ers-
15 ten Blick nur daran unterscheiden können, dass der eine den Zipfel seiner weißen Kappe nach vorn trug, der andere aber hinten im Nacken hängen hatte. Aber das wechselte zwischen ihnen ab, indem sie in der entgegengesetzten Richtung pflügten; denn wenn sie oben
20 auf der Höhe zusammentrafen und aneinander vorüberkamen, so schlug dem, welcher gegen den frischen Ostwind ging, die Zipfelkappe nach hinten über, während sie bei dem andern, der den Wind im Rücken hatte, sich nach vorne sträubte. Es gab auch jedes Mal einen mitt-
25 lern Augenblick, wo die schimmernden Mützen aufrecht in der Luft schwankten und wie zwei weiße Flammen gen Himmel züngelten. So pflügten beide ruhevoll und es war schön anzusehen in der stillen goldenen Septembergegend, wenn sie so auf der Höhe aneinander
30 vorbeizogen, still und langsam, und sich mählich[2] voneinander entfernten, immer weiter auseinander, bis beide wie zwei untergehende Gestirne hinter die Wölbung des Hügels hinabgingen und verschwanden, um eine gute Weile darauf wieder zu erscheinen. Wenn sie einen
35 Stein in ihren Furchen fanden, so warfen sie denselben auf den wüsten Acker in der Mitte mit lässig kräftigem

---

[1] Ihr Aussehen, ihre Gestalt, also ihr ganzes Äußeres passte vollkommen zu der Landschaft, in der sie lebten.
[2] allmählich

Schwunge, was aber nur selten geschah, da derselbe schon fast mit allen Steinen belastet war, welche überhaupt auf den Nachbaräckern zu finden gewesen.

So war der lange Morgen zum Teil vergangen, als von dem Dorfe her ein kleines artiges[1] Fuhrwerklein sich näherte, welches kaum zu sehen war, als es begann, die gelinde Höhe heranzukommen. Das war ein grün bemaltes Kinderwägelchen, in welchem die Kinder der beiden Pflüger, ein Knabe und ein kleines Ding von Mädchen, gemeinschaftlich den Vormittagsimbiss heranfuhren. Für jeden Teil lag ein schönes Brot, in eine Serviette gewickelt, eine Kanne Wein mit Gläsern und noch irgendein Zutätchen in dem Wagen, welches die zärtliche Bäuerin für den fleißigen Meister mitgesandt, und außerdem waren da noch verpackt allerlei seltsam gestaltete angebissene Äpfel und Birnen, welche die Kinder am Wege aufgelesen, und eine völlig nackte Puppe mit nur einem Bein und einem verschmierten Gesicht, welche wie ein Fräulein[2] zwischen den Broten saß und sich behaglich fahren ließ. Dies Fuhrwerk hielt nach manchem Anstoß und Aufenthalt endlich auf der Höhe im Schatten eines jungen Lindengebüsches, welches da am Rande des Feldes stand, und nun konnte man die beiden Fuhrleute näher betrachten. Es war ein Junge von sieben Jahren und ein Dirnchen[3] von fünfen, beide gesund und munter, und weiter war nichts Auffälliges an ihnen, als dass beide sehr hübsche Augen hatten und das Mädchen dazu noch eine bräunliche Gesichtsfarbe und ganz krause dunkle Haare, welche ihm ein feuriges und treuherziges Ansehen gaben. Die Pflüger waren jetzt auch wieder oben angekommen, steckten den Pferden etwas Klee vor und ließen die Pflüge in der halb vollendeten Furche stehen, während sie als gute Nachbaren sich zu dem gemeinschaftlichen Imbiss begaben und sich da zuerst begrüßten; denn bislang hatten sie sich noch nicht gesprochen an diesem Tage.

---

[1] hier: solide gebaut

[2] wie eine Adelige

[3] Dirne hat im 19. Jahrhundert noch weitgehend die ursprüngliche Bedeutung (junges) Mädchen (althochdeutsch thiorna = Jungfrau)

Wie nun die Männer mit Behagen ihr Frühstück einnahmen und mit zufriedenem Wohlwollen den Kindern mitteilten[1], die nicht von der Stelle wichen, solange gegessen und getrunken wurde, ließen sie ihre Blicke in
5 der Nähe und Ferne herumschweifen und sahen das Städtchen räucherig glänzend in seinen Bergen liegen; denn das reichliche Mittagsmahl, welches die Seldwyler alle Tage bereiteten, pflegte ein weithin scheinendes Silbergewölk über ihre Dächer emporzutragen, welches la-
10 chend an ihren Bergen hinschwebte.
„Die Lumpenhunde zu Seldwyl kochen wieder gut!", sagte Manz, der eine der Bauern, und Marti, der andere, erwiderte: „Gestern war einer bei mir wegen des Ackers hier." – „Aus dem Bezirksrat[2]? Bei mir ist er auch gewe-
15 sen!", sagte Manz. „So? Und meinte wahrscheinlich auch, du solltest das Land benutzen und den Herren die Pacht zahlen?" – „Ja, bis es sich entschieden habe, wem der Akker gehöre und was mit ihm anzufangen sei. Ich habe mich aber bedankt, das verwilderte Wesen[3] für einen an-
20 dern herzustellen, und sagte, sie sollten den Acker nur verkaufen und den Ertrag aufheben, bis sich ein Eigentümer gefunden, was wohl nie geschehen wird; denn was einmal auf der Kanzlei zu Seldwyl liegt, hat da gute Weile und überdem ist die Sache schwer zu entscheiden. Die
25 Lumpen möchten indessen gar zu gern etwas zu naschen bekommen durch den Pachtzins, was sie freilich mit der Verkaufssumme auch tun könnten; allein wir würden uns hüten, dieselbe zu hoch hinaufzutreiben, und wir wüssten dann doch, was wir hätten und wem das Land
30 gehört!" „Ganz so meine ich auch und habe dem Steckleinspringer[4] eine ähnliche Antwort gegeben!"

---

[1] abgaben (von dem Frühstück)
[2] heute zu vergleichen mit einem Gemeinderat oder Stadtrat bzw. mit einem Kreisausschuss
[3] der vorher erwähnte Acker
[4] Nach dem „Schweizerischen Idiotikon" (Mundartlexikon) ist ein Steckleinspringer eine spöttische Bezeichnung für junge Nichtstuer, die mit dem Spazierstock (Stecken) scheinbar geschäftig über Land gehen.

Sie schwiegen eine Weile, dann fing Manz wiederum an: „Schad ist es aber doch, dass der gute Boden so daliegen muss, es ist nicht zum Ansehen, das geht nun schon in die zwanzig Jahre so und keine Seele fragt darnach; denn hier im Dorf ist niemand, der irgendeinen Anspruch auf den Acker hat, und niemand weiß auch, wo die Kinder des verdorbenen[1] Trompeters hingekommen sind."

„Hm!", sagte Marti, „das wäre so eine Sache! Wenn ich den Schwarzen Geiger ansehe, der sich bald bei den Heimatlosen[2] aufhält, bald in den Dörfern zum Tanz aufspielt, so möchte ich darauf schwören, dass er ein Enkel des Trompeters ist, der freilich nicht weiß, dass er noch einen Acker hat. Was täte er aber damit? Einen Monat lang sich besaufen und dann nach wie vor! Zudem, wer dürfte da einen Wink geben, da man es doch nicht sicher wissen kann!"

„Da könnte man eine schöne Geschichte anrichten!", antwortete Manz, „wir haben so genug zu tun, diesem Geiger das Heimatsrecht[3] in unserer Gemeinde abzustreiten, da man uns den Fetzel[4] fortwährend aufhalsen will. Haben sich seine Eltern einmal unter die Heimatlosen begeben, so mag er auch dableiben und dem Kesselvolk[5] das Geigelein streichen. Wie in aller Welt können wir wissen, dass er des Trompeters Sohnessohn ist? Was mich betrifft, wenn ich den Alten auch in dem dunklen Gesicht vollkommen zu erkennen glaube, so sage ich: Irren ist menschlich, und das geringste Fetzchen Papier, ein Stücklein von einem Taufschein[6] würde meinem Ge-

---

1 moralisch verkommen
2 zum Problem der Heimatlosen vgl. S. 132f.
3 vgl. S. 132f.
4 Lump, liederlicher Mensch
5 Die Kesselflicker zogen von Ort zu Ort um Löcher in Kesseln und Töpfen zu flicken, d.h. zu verlöten; das Wort wird auch gern als Schimpfwort benutzt.
6 Vor Einführung der Standesämter waren die Pfarrer die Amtspersonen, bei denen die Neugeborenen registriert wurden und damit amtlich existierten. Der Taufschein war damals gleichbedeutend mit der Geburtsurkunde.

wissen besser tun als zehn sündhafte Menschengesichter!"

„Eia, sicherlich!", sagte Marti, „er sagt zwar, er sei nicht schuld, dass man ihn nicht getauft habe! Aber sollen wir
5 unsern Taufstein tragbar machen und in den Wäldern herumtragen? Nein, er steht fest in der Kirche und dafür ist die Totenbahre tragbar, die draußen an der Mauer hängt.[1] Wir sind schon übervölkert im Dorf und brauchen bald zwei Schulmeister!"

10 Hiemit war die Mahlzeit und das Zwiegespräch der Bauern geendet und sie erhoben sich, den Rest ihrer heutigen Vormittagsarbeit zu vollbringen. Die beiden Kinder hingegen, welche schon den Plan entworfen hatten, mit den Vätern nach Hause zu ziehen, zogen ihr Fuhr-
15 werk unter den Schutz der jungen Linden und begaben sich dann auf einen Streifzug in dem wilden Acker, da derselbe mit seinen Unkräutern, Stauden und Steinhaufen eine ungewohnte und merkwürdige Wildnis darstellte. Nachdem sie in der Mitte dieser grünen Wildnis
20 einige Zeit hingewandert, Hand in Hand, und sich daran belustigt, die verschlungenen Hände über die hohen Distelstauden zu schwingen, ließen sie sich endlich im Schatten einer solchen nieder und das Mädchen begann seine Puppe mit den langen Blättern des Wegekrautes[2]
25 zu bekleiden, sodass sie einen schönen grünen und ausgezackten Rock bekam; eine einsame rote Mohnblume, die da noch blühte, wurde ihr als Haube über den Kopf gezogen und mit einem Grase festgebunden, und nun sah die kleine Person aus wie eine Zauberfrau, beson-
30 ders nachdem sie noch ein Halsband und einen Gürtel von kleinen roten Beerchen erhalten. Dann wurde sie hoch in die Stängel der Distel gesetzt und eine Weile mit vereinten Blicken angeschaut, bis der Knabe sie genugsam besehen und mit einem Steine herunter-
35 warf. Dadurch geriet aber ihr Putz in Unordnung und

---

[1] Im alemannischen Siedlungsgebiet, zu dem auch die Nord- und Innerschweiz gehört, war die Totenbahre außen an der Kirchmauer angehängt.

[2] Unkraut auf Weiden- und Brachland (früher Heilkraut gegen Entzündungen)

das Mädchen entkleidete sie schleunigst, um sie aufs Neue zu schmücken; doch als die Puppe eben wieder nackt und bloß war und nur noch der roten Haube sich erfreuete, entriss der wilde Junge seiner Gefährtin das Spielzeug und warf es hoch in die Luft. Das Mädchen sprang klagend darnach, allein der Knabe fing die Puppe zuerst wieder auf, warf sie aufs Neue empor, und indem das Mädchen sie vergeblich zu haschen sich bemühte, neckte er es auf diese Weise eine gute Zeit. Unter seinen Händen aber nahm die fliegende Puppe Schaden, und zwar am Knie ihres einzigen Beines, allwo ein kleines Loch einige Kleiekörner[1] durchsickern ließ. Kaum bemerkte der Peiniger dies Loch, so verhielt er sich mäuschenstill und war mit offenem Munde eifrig beflissen, das Loch mit seinen Nägeln zu vergrößern und dem Ursprung der Kleie nachzuspüren. Seine Stille erschien dem armen Mädchen höchst verdächtig und es drängte sich herzu und musste mit Schrecken sein böses Beginnen gewahren. „Sieh mal!", rief er und schlenkerte ihr das Bein vor der Nase herum, dass ihr die Kleie ins Gesicht flog, und wie sie darnach langen wollte und schrie und flehte, sprang er wieder fort und ruhte nicht eher, bis das ganze Bein dürr und leer herabhing als eine traurige Hülse. Dann warf er das misshandelte Spielzeug hin und stellte sich höchst frech und gleichgültig, als die Kleine sich weinend auf die Puppe warf und dieselbe in ihre Schürze hüllte. Sie nahm sie aber wieder hervor und betrachtete wehselig die Ärmste, und als sie das Bein sah, fing sie abermals an laut zu weinen, denn dasselbe hing an dem Rumpfe nicht anders denn das Schwänzchen an einem Molche. Als sie gar so unbändig weinte, ward es dem Missetäter endlich etwas übel zumut, und er stand in Angst und Reue vor der Klagenden, und als sie dies merkte, hörte sie plötzlich auf und schlug ihn einige Mal mit der Puppe und er tat, als ob es ihm weh täte und schrie au! so natürlich, dass sie zufrieden war und nun mit ihm gemeinschaftlich die Zerstörung und Zerlegung fortsetzte. Sie bohrten Loch auf

---

[1] Abfallprodukt beim Mahlen von Getreide: Schalen und Hülsen

Loch in den Marterleib[1] und ließen aller Enden die Kleie entströmen, welche sie sorgfältig auf einem flachen Steine zu einem Häufchen sammelten, umrührten und aufmerksam betrachteten. Das einzige Feste, was noch an
5 der Puppe bestand, war der Kopf und musste jetzt vorzüglich die Aufmerksamkeit der Kinder erregen; sie trennten ihn sorgfältig los von dem ausgequetschten Leichnam und guckten erstaunt in sein hohles Innere. Als sie die bedenkliche Höhlung sahen und auch die
10 Kleie sahen, war es der nächste und natürlichste Gedankensprung, den Kopf mit der Kleie auszufüllen, und so waren die Fingerchen der Kinder nun beschäftigt, um die Wette Kleie in den Kopf zu tun, sodass zum ersten Mal in seinem Leben etwas in ihm steckte. Der Knabe
15 mochte es aber immer noch für ein totes Wissen halten, weil er plötzlich eine große blaue Fliege fing und, die summende zwischen beiden hohlen Händen haltend, dem Mädchen gebot, den Kopf von der Kleie zu entleeren. Hierauf wurde die Fliege hineingesperrt und das
20 Loch mit Gras verstopft. Die Kinder hielten den Kopf an die Ohren und setzten ihn dann feierlich auf einen Stein; da er noch mit der roten Mohnblume bedeckt war, so glich der Tönende jetzt einem weissagenden Haupte, und die Kinder lauschten in tiefer Stille seinen Kunden
25 und Märchen, indessen sie sich umschlungen hielten. Aber jeder Prophet[2] erweckt Schrecken und Undank; das wenige Leben in dem dürftig geformten Bilde erregte die menschliche Grausamkeit in den Kindern und es wurde beschlossen, das Haupt zu begraben. So machten
30 sie ein Grab und legten den Kopf, ohne die gefangene Fliege um ihre Meinung zu befragen, hinein und errichteten über dem Grabe ein ansehnliches Denkmal von Feldsteinen. Dann empfanden sie einiges Grauen, da sie etwas Geformtes und Belebtes begraben hatten, und ent-
35 fernten sich ein gutes Stück von der unheimlichen Stät-

---

[1] der gemarterte (gequälte) Leib der Puppe; Anspielung auf das Martyrium der Heiligen
[2] einer, der die Zukunft vorausschaut, vgl. die Propheten des Alten Testaments

te. Auf einem ganz mit grünen Kräutern bedeckten
Plätzchen legte sich das Dirnchen auf den Rücken, da es
müde war, und begann in eintöniger Weise einige Worte
zu singen, immer die nämlichen, und der Junge kauerte
daneben und half, indem er nicht wusste, ob er auch 5
vollends umfallen solle, so lässig und müßig war er. Die
Sonne schien dem singenden Mädchen in den geöffne-
ten Mund, beleuchtete dessen blendend weiße Zähnchen
und durchschimmerte die roten Purpurlippen. Der Knabe sah die Zähne, und dem Mädchen den Kopf haltend 10
und dessen Zähnchen neugierig untersuchend rief er:
„Rate, wie viele Zähne hat man?" Das Mädchen besann
sich einen Augenblick, als ob es reiflich nachzählte, und
sagte dann auf Geratewohl: „Hundert!" – „Nein, zwei-
unddreißig!", rief er, „wart, ich will einmal zählen!" Da 15
zählte er die Zähne des Kindes, und weil er nicht zwei-
unddreißig herausbrachte, so fing er immer wieder von
neuem an. Das Mädchen hielt lange still, als aber der
eifrige Zähler nicht zu Ende kam, raffte es sich auf und
rief: „Nun will ich deine zählen!" Nun legte sich der 20
Bursche hin ins Kraut, das Mädchen über ihn, um-
schlang seinen Kopf, er sperrte das Maul auf und es
zählte: Eins, zwei, sieben, fünf, zwei, eins; denn die kleine Schöne konnte noch nicht zählen. Der Junge verbes-
serte sie und gab ihr Anweisung, wie sie zählen solle, 25
und so fing auch sie unzählige Mal von neuem an und
das Spiel schien ihnen am besten zu gefallen von allem,
was sie heut unternommen. Endlich aber sank das Mädchen ganz auf den kleinen Rechenmeister nieder und
die Kinder schliefen ein in der hellen Mittagssonne. 30
Inzwischen hatten die Väter ihre Äcker fertig gepflügt
und in frisch duftende braune Fläche umgewandelt. Als
nun, mit der letzten Furche zu Ende gekommen, der
Knecht des einen halten wollte, rief sein Meister: „Was
hältst du? Kehr noch einmal um!" – „Wir sind ja fertig!", 35
sagte der Knecht. „Halt's Maul und tu, wie ich dir sage!",
der Meister. Und sie kehrten um und rissen eine tüchti-
ge Furche in den mittlern herrenlosen Acker hinein, dass
Kraut und Steine flogen. Der Bauer hielt sich aber nicht
mit der Beseitigung derselben auf, er mochte denken, 40

hiezu sei noch Zeit genug vorhanden, und er begnügte
sich für heute, die Sache nur aus dem Gröbsten zu tun.
So ging es rasch die Höhe empor in sanftem Bogen, und
als man oben angelangt und das liebliche Windeswehen
5 eben wieder den Kappenzipfel des Mannes zurückwarf,
pflügte auf der anderen Seite der Nachbar vorüber, mit
dem Zipfel nach vorn, und schnitt ebenfalls eine an-
sehnliche Furche vom mittlern Acker, dass die Schollen
nur so zur Seite flogen. Jeder sah wohl, was der andere
10 tat, aber keiner schien es zu sehen und sie entschwan-
den sich wieder, indem jedes Sternbild still am andern
vorüberging und hinter diese runde Welt hinabtauchte.
So gehen die Weberschiffchen des Geschickes aneinander vorbei und „was er webt, das weiß kein Weber!"[1]

15 Es kam eine Ernte um die andere und jede sah die Kinder größer und schöner und den herrenlosen Acker
schmäler zwischen seinen breit gewordenen Nachbaren.
Mit jedem Pflügen verlor er hüben und drüben eine Furche, ohne dass ein Wort darüber gesprochen worden wä-
20 re und ohne dass ein Menschenauge den Frevel[2] zu
sehen schien. Die Steine wurden immer mehr zusammengedrängt und bildeten schon einen ordentlichen Grat[3] auf
der ganzen Länge des Ackers und das wilde Gesträuch
darauf war schon so hoch, dass die Kinder, obgleich sie
25 gewachsen waren, sich nicht mehr sehen konnten, wenn
eines dies- und das andere jenseits ging. Denn sie gingen
nun nicht mehr gemeinschaftlich auf das Feld, da der
zehnjährige Salomon oder Sali, wie er genannt wurde,
sich schon wacker auf Seite der größeren Burschen und
30 der Männer hielt; und das braune Vrenchen, obgleich es
ein feuriges Dirnchen war, musste bereits unter der Ob-

---

[1] Eine Zeile aus Heinrich Heines Gedicht „Jehuda ben Halevy". Das
     Zitat zeigt, dass Gottfried Keller in der zeitgenössischen Literatur
     sehr bewandert war.

[2] eigentlich Versündigung gegen göttliche Gebote, hier: Übertretung
     des Feld-, Forst- und Jagdrechts; (vgl. auch den Waldfrevel in der
     „Judenbuche")

[3] scharfe Kante, schmale Verbindung zwischen zwei Bergrücken

hut seines Geschlechts gehen[1], sonst wäre es von den andern als ein Bubenmädchen[2] ausgelacht worden. Dennoch nahmen sie während jeder Ernte, wenn alles auf den Äckern war, einmal Gelegenheit, den wilden Steinkamm, der sie trennte, zu besteigen und sich gegenseitig von demselben herunterzustoßen. Wenn sie auch sonst keinen Verkehr mehr miteinander hatten, so schien diese jährliche Zeremonie um so sorglicher[3] gewahrt zu werden, als sonst nirgends die Felder ihrer Väter zusammenstießen. Indessen sollte der Acker doch endlich verkauft und der Erlös einstweilen amtlich aufgehoben[4] werden. Die Versteigerung fand an Ort und Stelle statt, wo sich aber nur einige Gaffer einfanden außer den Bauern Manz und Marti, da niemand Lust hatte, das seltsame Stückchen zu erstehen und zwischen den beiden Nachbaren zu bebauen. Denn obgleich diese zu den besten Bauern des Dorfes gehörten und nichts weiter getan hatten als was zwei Drittel der Übrigen unter diesen Umständen auch getan haben würden, so sah man sie doch jetzt stillschweigend darum an[5] und niemand wollte zwischen ihnen eingeklemmt sein mit dem geschmälerten Waisenfelde[6]. Die meisten Menschen sind fähig oder bereit, ein in den Lüften umgehendes Unrecht zu verüben, wenn sie mit der Nase darauf stoßen; sowie es aber von einem begangen ist, sind die Übrigen froh, dass sie es doch nicht gewesen sind, dass die Versuchung nicht sie betroffen hat, und sie machen nun den Auserwählten zu dem Schlechtigkeitsmesser ihrer Eigenschaften und behandeln ihn mit zarter Scheu als einen Ableiter des Übels, der von den Göttern gezeichnet ist, während ihnen zugleich noch der Mund wässert nach den

---

[1] Vrenchen durfte sich nur noch in Gesellschaft von Frauen oder Mädchen bewegen, nicht etwa von Jungen.

[2] unmoralisches, unanständiges Mädchen, das sich mit „Buben" (jungen Männern) abgibt

[3] sorgfältiger

[4] aufbewahrt

[5] verurteilte man sie deswegen unausgesprochen

[6] der herrenlose, gewissermaßen verwaiste Acker

Vorteilen, die er dabei genossen. Manz und Marti waren
also die Einzigen, welche ernstlich auf den Acker boten;
nach einem ziemlich hartnäckigen Überbieten erstand ihn
Manz und er wurde ihm zugeschlagen. Die Beamten und
5 die Gaffer verloren sich vom Felde; die beiden Bauern,
welche sich auf ihren Äckern noch zu schaffen gemacht,
trafen beim Weggehen wieder zusammen und Marti sagte: „Du wirst nun dein Land, das alte und das neue, wohl
zusammenschlagen und in zwei gleiche Stücke teilen? Ich
10 hätte es wenigstens so gemacht, wenn ich das Ding bekommen hätte." – „Ich werde es allerdings auch tun", antwortete Manz, „denn als ein Acker würde mir das Stück
zu groß sein. Doch was ich sagen wollte: Ich habe bemerkt, dass du neulich noch am unteren Ende dieses Ak-
15 kers, der jetzt mir gehört, schräg hineingefahren bist und
ein gutes Dreieck abgeschnitten hast. Du hast es vielleicht
getan in der Meinung, du werdest das ganze Stück an
dich bringen und es sei dann sowieso dein. Da es nun
aber mir gehört, so wirst du wohl einsehen, dass ich eine
20 solche ungehörige Einkrümmung nicht brauchen noch
dulden kann, und wirst nichts dagegen haben, wenn ich
den Strich wieder grad mache! Streit wird das nicht abge-
ben sollen!"
Marti erwiderte ebenso kaltblütig, als ihn Manz angere-
25 det hatte: „Ich sehe auch nicht, wo Streit herkommen
soll! Ich denke, du hast den Acker gekauft, wie er da ist,
wir haben ihn alle gemeinschaftlich besehen[1] und er hat
sich seit einer Stunde nicht um ein Haar verändert!"
„Larifari[2]!", sagte Manz, „was früher geschehen, wollen
30 wir nicht aufrühren! Was aber zu viel ist, ist zu viel und
alles muss zuletzt eine ordentliche grade Art haben; diese drei Äcker sind von jeher so grade nebeneinander gelegen, wie nach dem Richtscheit[3] gezeichnet; es ist ein
ganz absonderlicher Spaß von dir, wenn du nun einen
35 solchen lächerlichen und unvernünftigen Schnörkel da-

---

[1] bezieht sich auf den Rechtsgrundsatz beim Kauf einer gebrauchten
    Ware (z. B. Gebrauchtwagen): „gekauft wie besehen"
[2] Unsinn, dummes Zeug
[3] Maurerwerkzeug zur Errichtung senkrechter Mauern (vgl. Lot)

zwischenbringen willst, und wir beide würden einen
Übernamen[1] bekommen, wenn wir den krummen Zipfel
da bestehen ließen. Er muss durchaus weg!"
Marti lachte und sagte: „Du hast ja auf einmal eine merkwürdige Furcht vor dem Gespötte der Leute! Das lässt sich 5
aber ja wohl machen; mich geniert das Krumme gar nicht;
ärgert es dich, gut, so machen wir es grad, aber nicht auf
meiner Seite, das geb ich dir schriftlich, wenn du willst!"
„Rede doch nicht so spaßhaft", sagte Manz, „es wird
wohl grad gemacht, und zwar auf deiner Seite, darauf 10
kannst du Gift nehmen!"[2]
„Das werden wir ja sehen und erleben!", sagte Marti,
und beide Männer gingen auseinander, ohne sich weiter
anzublicken; vielmehr starrten sie nach verschiedener
Richtung ins Blaue hinaus, als ob sie da wunder was für 15
Merkwürdigkeiten im Auge hätten, die sie betrachten
müssten mit Aufbietung aller ihrer Geisteskräfte.
Schon am nächsten Tage schickte Manz einen Dienstbu-
ben, ein Tagelöhnermädchen[3] und sein eigenes Söhnchen
Sali auf den Acker hinaus, um das wilde Unkraut und 20
Gestrüpp auszureuten[4] und auf Haufen zu bringen, damit nachher die Steine umso bequemer weggefahren
werden könnten. Dies war eine Änderung in seinem Wesen, dass er den kaum elfjährigen Jungen, der noch zu
keiner Arbeit angehalten worden[5], nun mit hinaussand- 25
te, gegen die Einsprache[6] der Mutter. Es schien, da er es
mit ernsthaften und gesalbten[7] Worten tat, als ob er mit

---

[1] Spitzname, abfälliger Beiname
[2] Ausdruck der Beteuerung, vielleicht vom mittelalterlichen Gottes-
    urteil her stammend (wenn das Gesagte n i c h t wahr ist, dann
    wirkt das Gift)
[3] Magd, die nicht im festen Arbeitsverhältnis steht
[4] auszuroden, urbar zu machen, von allem Unkraut zu befreien
[5] der vorher noch nie zur (schweren) Feldarbeit eingesetzt worden
    war
[6] Einspruch
[7] Gesalbt ist ursprünglich eine geweihte, d. h. durch die Salbung heili-
    ge Person (Priester, König).

dieser Arbeitsstrenge gegen sein eigenes Blut[1] das Unrecht betäuben wollte, in dem er lebte und welches nun
begann, seine Folgen ruhig zu entfalten. Das ausgesandte
Völklein jätete inzwischen lustig an dem Unkraut und
5 hackte mit Vergnügen an den wunderlichen Stauden und
Pflanzen aller Art, die da seit Jahren wucherten. Denn da
es eine außerordentliche, gleichsam wilde Arbeit[2] war,
bei der keine Regel und keine Sorgfalt erheischt[3] wurde,
so galt sie als eine Lust. Das wilde Zeug, an der Sonne
10 gedörrt, wurde aufgehäuft und mit großem Jubel ver-
brannt, dass der Qualm weithin sich verbreitete und die
jungen Leutchen darin herumsprangen wie besessen.
Dies war das letzte Freudenfest auf dem Unglücksfelde
und das junge Vrenchen, Martis Tochter, kam auch hin-
15 ausgeschlichen und half tapfer mit. Das Ungewöhnliche
dieser Begebenheit und die lustige Aufregung gaben einen guten Anlass, sich seinem kleinen Jugendgespielen
wieder einmal zu nähern, und die Kinder waren recht
glücklich und munter bei ihrem Feuer. Es kamen noch
20 andere Kinder hinzu und es sammelte sich eine ganze
vergnügte Gesellschaft; doch immer, sobald sie getrennt
wurden, suchte Sali alsobald wieder neben Vrenchen zu
gelangen, und dieses wusste desgleichen immer vergnügt
lächelnd zu ihm zu schlüpfen und es war beiden Krea-
25 turen[4], wie wenn dieser herrliche Tag nie enden müsste
und könnte. Doch der alte Manz kam gegen Abend herbei, um zu sehen, was sie ausgerichtet, und obgleich sie
fertig waren, so schalt er doch ob dieser Lustbarkeit und
scheuchte die Gesellschaft auseinander. Zugleich zeigte
30 sich Marti auf seinem Grund und Boden und, seine Tochter gewahrend, pfiff er derselben schrill und gebieterisch
durch den Finger, dass sie erschrocken hineilte, und er

---

[1] d. h. hier: gegen seinen Sohn
[2] eine Arbeit, bei der nicht, wie sonst üblich, strenge Regeln bzw.
     Verfahrensweisen eingehalten werden müssen
[3] gefordert, verlangt
[4] eigentlich: Geschöpfen; durch die Wortwahl soll die Ungebundenheit,
     „Natürlichkeit" der momentanen Situation unterstrichen werden.

gab ihr, ohne zu wissen, warum, einige Ohrfeigen, also dass beide Kinder in großer Traurigkeit und weinend nach Hause gingen, und sie wussten jetzt eigentlich so wenig, warum sie so traurig waren, als warum sie vorhin so vergnügt gewesen; denn die Rauheit der Väter, an sich 5 ziemlich neu, war von den arglosen[1] Geschöpfen noch nicht begriffen und konnte sie nicht tiefer bewegen.

Die nächsten Tage war es schon eine härtere Arbeit, zu welcher Mannsleute gehörten, als Manz die Steine aufnehmen und wegfahren ließ. Es wollte kein Ende neh- 10 men und alle Steine der Welt schienen da beisammen zu sein. Er ließ sie aber nicht ganz vom Felde wegbringen, sondern jede Fuhre auf jenem streitigen[2] Dreiecke abwerfen, welches von Marti schon säuberlich umgepflügt war. Er hatte vorher einen graden Strich gezogen als 15 Grenzscheide[3] und belastete nun dies Fleckchen Erde mit allen Steinen, welche beide Männer seit unvordenklichen Zeiten herübergeworfen, sodass eine gewaltige Pyramide entstand, die wegzubringen sein Gegner bleiben lassen würde, dachte er. Marti hatte dies am wenigs- 20 ten erwartet; er glaubte, der andere werde nach alter Weise mit dem Pfluge zu Werke gehen wollen, und hatte daher abgewartet, bis er ihn als Pflüger ausziehen sähe. Erst als die Sache schon beinahe fertig, hörte er von dem schönen Denkmal, welches Manz da errichtet, rannte 25 voll Wut hinaus, sah die Bescherung, rannte zurück und holte den Gemeindeammann[4], um vorläufig gegen den Steinhaufen zu protestieren und den Fleck gerichtlich in Beschlag nehmen zu lassen, und von diesem Tage an lagen die zwei Bauern im Prozess miteinander und ruhten 30 nicht, ehe sie beide zugrunde gerichtet waren.

Die Gedanken der sonst so wohlweisen Männer waren nun so kurz geschnitten wie Häcksel[5]; der beschränk-

---

[1] ohne Misstrauen, ohne Kenntnis des Bösen in der Welt
[2] strittigen, d.h. das Dreieck, um das gestritten wird
[3] Grenze zum Nachbaracker
[4] Gemeinde- oder Bezirksvorsteher
[5] kleingeschnittenes (gehacktes) Stroh, das man nur noch als Viehfutter verwenden kann

teste Rechtssinn von der Welt erfüllte jeden von ihnen,
indem keiner begreifen konnte noch wollte, wie der andere so offenbar unrechtmäßig und willkürlich den fraglichen unbedeutenden Ackerzipfel an sich reißen könne.
5 Bei Manz kam noch ein wunderbarer Sinn für Symmetrie und parallele Linien hinzu, und er fühlte sich wahrhaft gekränkt durch den aberwitzigen Eigensinn, mit
welchem Marti auf dem Dasein des unsinnigsten und
mutwilligsten Schnörkels beharrte. Beide aber trafen zu-
10 sammen in der Überzeugung, dass der andere, den andern so frech und plump übervorteilend, ihn notwendig
für einen verächtlichen[1] Dummkopf halten müsse, da
man dergleichen etwa einem armen haltlosen Teufel[2],
nicht aber einem aufrechten, klugen und wehrhaften
15 Manne gegenüber sich erlauben könne, und jeder sah
sich in seiner wunderlichen Ehre gekränkt und gab sich
rückhaltlos der Leidenschaft des Streites und dem daraus erfolgenden Verfalle hin, und ihr Leben glich fortan
der träumerischen Qual zweier Verdammten, welche,
20 auf einem schmalen Brette einen dunklen Strom hinab-
treibend, sich befehden, in die Luft hauen und sich selber anpacken und vernichten, in der Meinung, sie hätten ihr Unglück gefasst. Da sie eine faule Sache hatten,
so gerieten beide in die allerschlimmsten Hände von
25 Tausendkünstlern, welche ihre verdorbene Fantasie auf-
trieben zu ungeheuren Blasen, die mit den nichtsnutzig-
sten Dingen angefüllt wurden. Vorzüglich waren es die
Spekulanten[3] aus der Stadt Seldwyla, welchen dieser
Handel ein gefundenes Essen war, und bald hatte jeder
30 der Streitenden einen Anhang von Unterhändlern, Zu-
trägern und Ratgebern hinter sich, die alles bare Geld
auf hundert Wegen abzuziehen wussten[4]. Denn das
Fleckchen Erde mit dem Steinhaufen darüber, auf wel-

---

[1] einer, der verachtet werden muss, der Verachtung verdient
[2] armer Mensch aus einer niederen sozialen Schicht, der keinen Halt
(an irgendwelchem Besitz) hat
[3] Personen, die sich um (unsicherer) Gewinne willen in risikoreiche
Geschäfte einlassen (z.B. an der Börse)
[4] abzukassieren wussten

chem bereits wieder ein Wald von Nesseln und Disteln
blühte, war nur noch der erste Keim oder der Grundstein einer verworrenen Geschichte und Lebensweise,
in welcher die zwei Fünfzigjährigen noch neue Gewohnheiten und Sitten, Grundsätze und Hoffnungen annah- 5
men, als sie bisher geübt. Je mehr Geld sie verloren, desto sehnsüchtiger wünschten sie welches zu haben, und
je weniger sie besaßen, desto hartnäckiger dachten sie,
reich zu werden und es dem andern zuvorzutun. Sie ließen sich zu jedem Schwindel verleiten und setzten auch 10
jahraus jahrein in alle fremden Lotterien, deren Lose
massenhaft in Seldwyla zirkulierten. Aber nie bekamen
sie einen Taler Gewinn zu Gesicht, sondern hörten nur
immer vom Gewinnen anderer Leute und wie sie selbst
beinahe gewonnen hätten, indessen diese Leidenschaft 15
ein regelmäßiger Geldabfluss für sie war. Bisweilen
machten sich die Seldwyler den Spaß, beide Bauern, ohne ihr Wissen, am gleichen Lose teilnehmen zu lassen,
sodass beide die Hoffnung auf Unterdrückung und Vernichtung des andern auf ein und dasselbe Los setzten. 20
Sie brachten die Hälfte ihrer Zeit in der Stadt zu, wo jeder in einer Spelunke[1] sein Hauptquartier hatte, sich
den Kopf heißmachen und zu den lächerlichsten Ausgaben und einem elenden und ungeschickten Schlemmen
verleiten ließ, bei welchem ihm heimlich doch selber das 25
Herz blutete, also dass beide, welche eigentlich nur in
diesem Hader lebten, um für keine Dummköpfe zu gelten, nun solche von der besten Sorte darstellten und von
jedermann dafür angesehen wurden. Die andere Hälfte
der Zeit lagen sie verdrossen zu Hause oder gingen ih- 30
rer Arbeit nach, wobei sie dann durch ein tolles böses
Überhasten und Antreiben das Versäumte einzuholen
suchten und damit jeden ordentlichen und zuverlässi-
gen Arbeiter verscheuchten. So ging es gewaltig rückwärts mit ihnen, und ehe zehn Jahre vorüber, steckten 35
sie beide von Grund aus in Schulden und standen wie
die Störche auf einem Beine auf der Schwelle ihrer Be-

---

[1] lateinisch spelunca = Höhle, eine verkommene Kneipe

sitztümer, von der jeder Lufthauch sie herunterwehte[1].
Aber wie es ihnen auch erging, der Hass zwischen ihnen
wurde täglich größer, da jeder den andern als den Urheber seines Unsterns[2] betrachtete, als seinen Erbfeind und
ganz unvernünftigen Widersacher, den der Teufel ab-
sichtlich in die Welt gesetzt habe, um ihn zu verderben.
Sie spien aus, wenn sie sich nur von weitem sahen; kein
Glied ihres Hauses durfte mit Frau, Kind oder Gesinde
des andern ein Wort sprechen, bei Vermeidung der
gröbsten Misshandlung. Ihre Weiber verhielten sich ver-
schieden bei dieser Verarmung und Verschlechterung
des ganzen Wesens[3]. Die Frau des Marti, welche von guter Art war, hielt den Verfall nicht aus, härmte sich ab[4]
und starb, ehe ihre Tochter vierzehn Jahre alt war. Die
Frau des Manz hingegen bequemte sich der veränderten
Lebensweise an, und um sich als eine schlechte Genos-
sin zu entfalten, hatte sie nichts zu tun als einigen weib-
lichen Fehlern, die ihr von jeher angehaftet, den Zügel
schießen zu lassen und dieselben zu Lastern auszubil-
den. Ihre Naschhaftigkeit wurde zu wilder Begehrlich-
keit, ihre Zungenfertigkeit[5] zu einem grundfalschen und
verlogenen Schmeichel- und Verleumdungswesen, mit
welchem sie jeden Augenblick das Gegenteil von dem
sagte, was sie dachte, alles hintereinanderhetzte und ihrem eigenen Manne ein X für ein U vormachte[6]; ihre ursprüngliche Offenheit, mit der sie sich der unschuldige-

---

[1] Während sonst der Bauer mit beiden Beinen fest auf seinem Be-
    sitz steht und auch schon einmal einen kräftigen Wind aushalten
    kann, genügt bei beiden, denen schon fast nichts mehr von ihrem
    ehemaligen Besitz gehört, ein schwacher Lufthauch, sie von ihrem
    ehemals eigenen Grund und Boden wegzublasen.
[2] eines Sterns, der Unglück bringt (Astrologie)
[3] hier: des Hauswesens
[4] litt unter (dem Verfall)
[5] ihre Neigung zu „tratschen"
[6] Betrügerische Täuschung durch den Gastwirt, der aus dem (römi-
    schen) Zahlzeichen V für fünf durch Verlängerung ein X für zehn
    machte

ren Plauderei erfreut, ward nun zur abgehärteten Schamlosigkeit, mit der sie jenes falsche Wesen betrieb, und so, statt unter ihrem Manne zu leiden, drehte sie ihm eine Nase; wenn er es arg trieb, so machte sie es bunt, ließ sich nichts abgehen und gedieh zu der dicks- 5 ten Blüte einer Vorsteherin des zerfallenden Hauses.

So war es nun schlimm bestellt um die armen Kinder, welche weder eine gute Hoffnung für ihre Zukunft fassen konnten noch sich auch nur einer lieblich frohen Jugend erfreuten, da überall nichts als Zank und Sorge 10 war. Vrenchen hatte anscheinend einen schlimmern Stand als Sali, da seine Mutter tot und es einsam in einem wüsten Hause der Tyrannei eines verwilderten Vaters anheim gegeben[1] war. Als es sechzehn Jahre zählte, war es schon ein schlank gewachsenes, ziervolles[2] 15 Mädchen; seine dunkelbraunen Haare ringelten sich unablässig fast bis über die blitzenden braunen Augen, dunkelrotes Blut durchschimmerte die Wangen des bräunlichen Gesichtes und glänzte als tiefer Purpur auf den frischen Lippen, wie man es selten sah und was 20 dem dunklen Kinde ein eigentümliches Ansehen und Kennzeichen gab. Feurige Lebenslust und Fröhlichkeit zitterte in jeder Fiber[3] dieses Wesens; es lachte und war aufgelegt zu Scherz und Spiel, wenn das Wetter nur im Mindesten lieblich war, das heißt, wenn es nicht zu sehr 25 gequält wurde und nicht zu viel Sorgen ausstand. Diese plagten es aber häufig genug; denn nicht nur hatte es den Kummer und das wachsende Elend des Hauses mitzutragen, sondern es musste noch sich selber in Acht nehmen[4] und mochte sich gern halbwegs ordentlich und 30 reinlich kleiden, ohne dass der Vater ihm die geringsten Mittel dazu geben wollte. So hatte Vrenchen die größte Not, ihre anmutige Person einigermaßen auszustaffie-

---

[1] ausgeliefert war
[2] Verstärkung von zierliches
[3] lateinisch fibra = Faser
[4] für sich selbst sorgen

ren[1], sich ein allerbescheidenstes Sonntagskleid zu erobern und einige bunte, fast wertlose Halstüchelchen zusammenzuhalten. Darum war das schöne wohlgemute junge Blut in jeder Weise gedemütigt und gehemmt und konnte am wenigsten der Hoffart[2] anheimfallen. Überdies hatte es bei schon erwachendem Verstande das Leiden und den Tod seiner Mutter gesehen und dies Andenken war ein weiterer Zügel, der seinem lustigen und feurigen Wesen angelegt war, sodass es nun höchst lieblich, unbedenklich[3] und rührend sich ansah, wenn trotz alledem das gute Kind bei jedem Sonnenblick sich ermunterte und zum Lächeln bereit war.

Sali erging es nicht so hart auf den ersten Anschein; denn er war nun ein hübscher und kräftiger junger Bursche, der sich zu wehren wusste und dessen äußere Haltung wenigstens eine schlechte Behandlung von selbst unzulässig machte. Er sah wohl die üble Wirtschaft seiner Eltern und glaubte sich erinnern zu können, dass es einst nicht so gewesen; ja er bewahrte noch das frühere Bild seines Vaters wohl in seinem Gedächtnisse als eines festen, klugen und ruhigen Bauers, desselben Mannes, den er jetzt als einen grauen Narren, Händelführer[4] und Müßiggänger vor sich sah, der mit Toben und Prahlen auf hundert törichten und verfänglichen Wegen wandelte und mit jeder Stunde rückwärts ruderte wie ein Krebs. Wenn ihm nun dies missfiel und ihn oft mit Scham und Kummer erfüllte, während es seiner Unerfahrenheit nicht klar war, wie die Dinge so gekommen, so wurden seine Sorgen wieder betäubt durch die Schmeichelei, mit der ihn die Mutter behandelte. Denn um in ihrem Unwesen ungestörter zu sein und einen guten Parteigänger zu haben, auch um ihrer Großtuerei zu genügen, ließ sie ihm zukommen, was er wünschte, kleidete ihn sauber

---

[1] sich zu schmücken
[2] Hochmut
[3] d.h., man konnte bei seinem Anblick an nichts Schlimmes, Böses denken
[4] einer, der Streit („Händel") sucht

und prahlerisch und unterstützte ihn in allem, was er zu
seinem Vergnügen vornahm. Er ließ sich dies gefallen
ohne viel Dankbarkeit, da ihm die Mutter viel zu viel dazu schwatzte und log; und indem er so wenig Freude
daran empfand, tat er lässig und gedankenlos, was ihm ₅
gefiel, ohne dass dies jedoch etwas Übles war, weil er für
jetzt noch unbeschädigt war von dem Beispiele der Alten
und das jugendliche Bedürfnis fühlte, im Ganzen einfach,
ruhig und leidlich tüchtig zu sein. Er war ziemlich genau
so, wie sein Vater in diesem Alter gewesen war, und die- ₁₀
ses flößte demselben eine unwillkürliche Achtung vor
dem Sohne ein, in welchem er mit verwirrtem Gewissen
und gepeinigter Erinnerung seine eigene Jugend achtete.
Trotz dieser Freiheit, welche Sali genoss, ward er seines
Lebens doch nicht froh und fühlte wohl, wie er nichts ₁₅
Rechtes vor sich hatte und ebenso wenig etwas Rechtes
lernte, da von einem zusammenhängenden und ver-
nunftgemäßen Arbeiten in Manzens Hause längst nicht
mehr die Rede war. Sein bester Trost war daher, stolz auf
seine Unabhängigkeit und einstweilige Unbescholtenheit ₂₀
zu sein, und in diesem Stolze ließ er die Tage trotzig ver-
streichen und wandte die Augen von der Zukunft ab.
Der einzige Zwang, dem er unterworfen, war die Feindschaft seines Vaters gegen alles, was Marti hieß und an
diesen erinnerte. Doch wusste er nichts anderes, als dass ₂₅
Marti seinem Vater Schaden zugefügt und dass man in
dessen Hause ebenso feindlich gesinnt sei, und es fiel
ihm daher nicht schwer, weder den Marti noch seine
Tochter anzusehen und seinerseits auch einen angehen-
den, doch ziemlich zahmen Feind vorzustellen. Vren- ₃₀
chen hingegen, welches mehr erdulden musste als Sali
und in seinem Hause viel verlassener war, fühlte sich
weniger zu einer förmlichen Feindschaft aufgelegt und
glaubte sich nur verachtet von dem wohlgekleideten
und scheinbar glücklicheren Sali; deshalb verbarg sie ₃₅
sich vor ihm, und wenn er irgendwo nur in der Nähe
war, so entfernte sie sich eilig, ohne dass er sich die Mühe gab, ihr nachzublicken. So kam es, dass er das Mädchen schon seit ein paar Jahren nicht mehr in der Nähe
gesehen und gar nicht wusste, wie es aussah, seit es her- ₄₀

angewachsen. Und doch wunderte es ihn zuweilen ganz
gewaltig, und wenn überhaupt von den Martis gesprochen wurde, so dachte er unwillkürlich nur an die Tochter, deren jetziges Aussehen ihm nicht deutlich und deren Andenken ihm gar nicht verhasst war.
Doch war sein Vater Manz nun der erste von den beiden
Feinden, der sich nicht mehr halten konnte und von Haus
und Hof springen[1] musste. Dieser Vortritt[2] rührte daher,
dass er eine Frau besaß, die ihm geholfen, und einen Sohn,
der doch auch einiges mit brauchte, während Marti der
einzige Verzehrer war in seinem wackeligen Königreich,
und seine Tochter durfte wohl arbeiten wie ein Haustier-
chen, aber nichts gebrauchen. Manz aber wusste nichts anderes anzufangen als auf den Rat seiner Seldwyler Gönner
in die Stadt zu ziehen und da sich als Wirt aufzutun. Es ist
immer betrüblich anzusehen, wenn ein ehemaliger Land-
mann, der auf dem Felde alt geworden ist, mit den Trüm-
mern seiner Habe in eine Stadt zieht und da eine Schenke
oder Kneipe auftut, um als letzten Rettungsanker den
freundlichen und gewandten Wirt zu machen, während es
ihm nichts weniger als freundlich zumut ist. Als die Man-
zen vom Hofe zogen, sah man erst, wie arm sie bereits
waren; denn sie luden lauter alten und zerfallenen Hausrat auf, dem man es ansah, dass seit vielen Jahren nichts
erneuert und angeschafft worden war. Die Frau legte aber
nichtsdestominder ihren besten Staat[3] an, als sie sich oben
auf die Gerümpelfuhre setzte, und machte ein Gesicht
voller Hoffnungen, als künftige Stadtfrau schon mit Verachtung auf die Dorfgenossen herabsehend, welche voll
Mitleid hinter den Hecken hervor dem bedenklichen Zuge zuschauten. Denn sie nahm sich vor, mit ihrer Liebens-
würdigkeit und Klugheit die ganze Stadt zu bezaubern,
und was ihr versimpelter[4] Mann nicht machen könne, das
wolle sie schon ausrichten, wenn sie nur erst einmal als

---

[1] Haus und Hof, d. h. seinen gesamten (ehemaligen) Besitz aufgeben
[2] der frühere Zeitpunkt, zu dem er Haus und Hof aufgeben muss
[3] ihre noch am besten erhaltene Kleidung
[4] verblödet, einfältig

Frau Wirtin in einem stattlichen Gasthofe säße. Dieser Gasthof bestand aber in einer trübseligen Winkelschenke in einem abgelegenen schmalen Gässchen, auf der eben ein anderer zugrunde gegangen war und welche die Seldwyler dem Manz verpachteten, da er noch einige hundert Taler einzuziehen hatte. Sie verkauften ihm auch ein paar Fässchen angemachten Weines[1] und das Wirtschaftsmobiliar, das aus einem Dutzend weißen geringen[2] Flaschen, ebenso viel Gläsern und einigen tannenen Tischen und Bänken bestand, welche einst blutrot angestrichen gewesen und jetzt vielfältig abgescheuert waren. Vor dem Fenster knarrte ein eiserner Reifen in einem Haken und in dem Reifen schenkte eine blecherne Hand Rotwein aus einem Schöppchen in ein Glas. Überdies hing ein verdorrter Busch von Stechpalme über der Haustüre, was Manz alles mit in die Pacht bekam. Um deswillen war er nicht so wohlgemut wie seine Frau, sondern trieb mit schlimmer Ahnung und voll Ingrimm die mageren Pferde an, welche er vom neuen Bauern geliehen. Das letzte schäbige[3] Knechtchen, das er gehabt, hatte ihn schon seit einigen Wochen verlassen. Als er solcherweise abfuhr, sah er wohl, wie Marti voll Hohn und Schadenfreude sich unfern der Straße zu schaffen machte, fluchte ihm und hielt denselben für den alleinigen Urheber seines Unglückes. Sali aber, sobald das Fuhrwerk im Gange war, beschleunigte seine Schritte, eilte voraus und ging allein auf Seitenwegen nach der Stadt.

„Da wären wir!", sagte Manz, als die Fuhre vor dem Spelunkelein[4] anhielt. Die Frau erschrak darüber, denn das war in der Tat ein trauriger Gasthof. Die Leute traten eilfertig unter die Fenster und vor die Häuser, um sich den neuen Bauernwirt[5] anzusehen, und machten mit ihrer Seldwyler Überlegenheit mitleidig spöttische Gesichter.

---

[1] gepantschten (mit Wasser verdünnten) Wein
[2] minderwertigen
[3] eigentlich: abgeschabt, dann: geringwertig, nicht viel wert
[4] Verkleinerungsform von Spelunke
[5] Viele Bauern, die ihr Land verloren hatten, fristeten ihr Leben als Wirt in der Stadt.

Zornig und mit nassen Augen kletterte die Manzin vom Wagen herunter und lief, ihre Zunge vorläufig wetzend, in das Haus, um sich heute vornehm nicht wieder blikken zu lassen; denn sie schämte sich des schlechten Gerätes und der verdorbenen Betten, welche nun abgeladen wurden. Sali schämte sich auch, aber er musste helfen und machte mit seinem Vater einen seltsamen Verlag[1] in dem Gässchen, auf welchem alsbald die Kinder der Falliten[2] herumsprangen und sich über das verlumpete Bauernpack lustig machten. Im Hause aber sah es noch trübseliger aus und es glich einer vollkommenen Räuberhöhle. Die Wände waren schlecht geweißtes feuchtes Mauerwerk, außer der dunklen unfreundlichen Gaststube mit ihren ehemals blutroten Tischen waren nur noch ein paar schlechte Kämmerchen da, und überall hatte der ausgezogene Vorgänger den trostlosesten Schmutz und Kehricht zurückgelassen.

So war der Anfang und so ging es auch fort. Während der ersten Woche kamen, besonders am Abend, wohl hin und wieder ein Tisch voll Leute aus Neugierde, den Bauernwirt zu sehen und ob es da vielleicht einigen Spaß absetzte. Am Wirt hatten sie nicht viel zu betrachten, denn Manz war ungelenk, starr, unfreundlich und melancholisch und wusste sich gar nicht zu benehmen, wollte es auch nicht wissen. Er füllte langsam und ungeschickt die Schöppchen, stellte sie mürrisch vor die Gäste und versuchte, etwas zu sagen, brachte aber nichts heraus. Desto eifriger warf sich nun seine Frau ins Geschirr und hielt die Leute wirklich einige Tage zusammen, aber in einem ganz andern Sinne, als sie meinte. Die ziemlich dicke Frau hatte sich eine eigene Haustracht zusammengesetzt, in der sie unwiderstehlich zu sein glaubte. Zu einem leinenen ungefärbten Landrock trug sie einen alten grünseidenen Spenser[3], eine baum-

---

[1] hier: entfaltete eine seltsame Geschäftigkeit
[2] Bankrotteure, solche, die Hab und Gut verloren haben
[3] Jäckchen – nach dem englischen Minister George J. Spencer benannt

wollene Schürze und einen schlimmen[1] weißen Halskragen. Von ihrem nicht mehr dichten Haar hatte sie an den Schläfen possierliche Schnecken gewickelt und in das Zöpfchen hinten einen hohen Kamm gesteckt. So schwänzelte und tänzelte sie mit angestrengter Anmut herum, spitzte lächerlich das Maul, dass es süß aussehen sollte, hüpfte elastisch an die Tische hin, und das Glas oder den Teller mit gesalzenem Käse hinsetzend sagte sie lächelnd: „So so? So soli! Herrlich herrlich, ihr Herren!" und solches dummes Zeug mehr; denn obwohl sie sonst eine geschliffene Zunge hatte, so wusste sie jetzt doch nichts Gescheites vorzubringen, da sie fremd war und die Leute nicht kannte. Die Seldwyler von der schlechtesten Sorte, die da hockten, hielten die Hand vor den Mund, wollten vor Lachen ersticken, stießen sich unter dem Tisch mit den Füßen und sagten: „Potz tausig! Das ist ja eine Herrliche!" „Eine Himmlische!", sagte ein anderer, „beim ewigen Hagel! Es ist der Mühe wert, hierherzukommen, so eine haben wir lang nicht gesehen!" Ihr Mann bemerkte das wohl mit finsterm Blicke; er gab ihr einen Stoß in die Rippen und flüsterte: „Du alte Kuh! Was machst du denn?" – „Störe mich nicht", sagte sie unwillig, „du alter Tolpatsch! Siehst du nicht, wie ich mir Mühe gebe und mit den Leuten umzugehen weiß? Das sind aber nur Lumpen von deinem Anhang! Lass mich nur machen, ich will bald fürnehmere[2] Kundschaft hier haben!" Dies alles war beleuchtet von einem oder zwei dünnen Talglichten[3]; Sali, der Sohn, aber ging hinaus in die dunkle Küche, setzte sich auf den Herd und weinte über Vater und Mutter.
Die Gäste hatten aber das Schauspiel bald satt, welches ihnen die gute Frau Manz gewährte, und blieben wieder, wo es ihnen wohler war und sie über die wunderliche Wirtschaft lachen konnten; nur dann und wann erschien ein Einzelner, der ein Glas trank und die Wände

---

[1] mittelhochdeutsch slim = schief, nicht mehr in der rechten Verfassung
[2] vornehmere
[3] minderwertige Kerzen aus Talg (Rinderfett), die nur ein schwaches Licht abgaben und stark rußten

angähnte, oder es kam ausnahmsweise eine ganze Bande, die armen Leute mit einem vorübergehenden Trubel und Lärm zu täuschen. Es war ihnen angst und bange in dem engen Mauerwinkel, wo sie kaum die Sonne sahen, und Manz, welcher sonst gewohnt war, tagelang in der Stadt zu liegen, fand es jetzt unerträglich zwischen diesen Mauern. Wenn er an die freie Weite der Felder dachte, so stierte er finster brütend an die Decke oder auf den Boden, lief unter die enge Haustüre und wieder zurück, da die Nachbaren den bösen Wirt, wie sie ihn schon nannten, angafften. Nun dauerte es aber nicht mehr lange und sie verarmten gänzlich und hatten gar nichts mehr in der Hand; sie mussten, um etwas zu essen, warten, bis einer kam und für wenig Geld etwas von dem noch vorhandenen Wein verzehrte, und wenn er eine Wurst oder dergleichen begehrte, so hatten sie oft die größte Angst und Sorge, dieselbe beizutreiben. Bald hatten sie auch den Wein nur noch in einer großen Flasche verborgen, die sie heimlich in einer anderen Kneipe füllen ließen, und so sollten sie nun die Wirte machen ohne Wein und Brot und freundlich sein ohne ordentlich gegessen zu haben. Sie waren beinahe froh, wenn nur niemand kam, und hockten so in ihrem Kneipchen, ohne leben noch sterben zu können. Als die Frau diese traurigen Erfahrungen machte, zog sie den grünen Spenser wieder aus und nahm abermals eine Veränderung vor, indem sie nun, wie früher die Fehler, so nun einige weibliche Tugenden aufkommen ließ und mehr ausbildete, da Not an den Mann ging. Sie übte Geduld und suchte den Alten aufrecht zu halten und den Jungen zum Guten anzuweisen; sie opferte sich vielfältig in allerlei Dingen, kurz, sie übte in ihrer Weise eine Art von wohltätigem Einfluss, der zwar nicht weit reichte und nicht viel besserte, aber immerhin besser war als gar nichts oder als das Gegenteil und die Zeit wenigstens verbringen half, welche sonst viel früher hätte brechen müssen für diese Leute[1]. Sie wusste manchen Rat

---

[1] Das Ende ihrer kümmerlichen Existenz wäre sonst viel früher eingetreten.

zu geben nunmehr in erbärmlichen Dingen, nach ihrem
Verstande, und wenn der Rat nichts zu taugen schien
und fehlschlug, so ertrug sie willig den Grimm[1] der
Männer, kurzum, sie tat jetzt alles, da sie alt war, was
besser gedient hätte, wenn sie es früher geübt.   5
Um wenigstens etwas Beißbares zu erwerben und die
Zeit zu verbringen, verlegten sich Vater und Sohn auf
die Fischerei, das heißt mit der Angelrute, soweit es für
jeden erlaubt war, sie in den Fluss zu hängen. Dies war
auch eine Hauptbeschäftigung der Seldwyler, nachdem 10
sie falliert[2] hatten. Bei günstigem Wetter, wenn die Fische gern anbissen, sah man sie dutzendweise hinaus-
wandern mit Rute und Eimer, und wenn man an den
Ufern des Flusses wandelte, hockte alle Spanne lang einer, der angelte, der eine in einem langen braunen Bür- 15
gerrock[3], die bloßen Füße im Wasser, der andere in einem spitzen blauen Frack auf einer alten Weide stehend,
den alten Filz schief auf dem Ohre; weiterhin angelte gar
einer im zerrissenen großblumigen Schlafrock, da er keinen andern mehr besaß, die lange Pfeife in der einen, die 20
Rute in der anderen Hand, und wenn man um eine
Krümmung des Flusses bog, stand ein alter kahlköpfiger
Dickbauch faselnackt[4] auf einem Stein und angelte; dieser hatte, trotz des Aufenthaltes am Wasser, so schwarze
Füße, dass man glaubte, er habe die Stiefel anbehalten. 25
Jeder hatte ein Töpfchen oder ein Schächtelchen neben
sich, in welchem Regenwürmer wimmelten, nach denen
sie zu andern Stunden zu graben pflegten. Wenn der
Himmel mit Wolken bezogen und es ein schwüles däm-
meriges Wetter war, welches Regen verkündete, so stan- 30
den diese Gestalten am zahlreichsten an dem ziehenden
Strome, regungslos gleich einer Galerie von Heiligen-
oder Prophetenbildern. Achtlos zogen die Landleute mit
Vieh und Wagen an ihnen vorüber und die Schiffer auf

---

[1] Zorn, Wut
[2] bankrott gemacht, Hab und Gut verloren
[3] einfacher Rock des Bürgers (ohne irgendwelche Verzierung)
[4] Fasel: so viel wie Faser des Hemdes; d.h. nur mit einem Hemd be-
     kleidet

dem Flusse sahen sie nicht an, während sie leise murrten über die störenden Schiffe.

Wenn man Manz vor zwölf Jahren, als er mit einem schönen Gespann pflügte auf dem Hügel über dem Ufer, geweissagt hätte, er würde sich einst zu diesen wunderlichen Heiligen gesellen und gleich ihnen Fische fangen, so wäre er nicht übel aufgefahren[1]. Auch eilte er jetzt hastig an ihnen vorüber hinter ihren Rücken und eilte stromaufwärts gleich einem eigensinnigen Schatten der Unterwelt, der sich zu seiner Verdammnis ein bequemes einsames Plätzchen sucht an den dunklen Wässern. Mit der Angelrute zu stehen hatten er und sein Sohn indessen keine Geduld, und sie erinnerten sich der Art, wie die Bauern auf manche andere Weise etwa Fische fangen, wenn sie übermütig sind, besonders mit den Händen in den Bächen; daher nahmen sie die Ruten nur zum Schein mit und gingen an den Borden[2] der Bäche hinauf, wo sie wussten, dass es teure und gute Forellen gab.

Dem auf dem Lande zurückgebliebenen Marti ging es inzwischen auch immer schlimmer und es war ihm höchst langweilig dabei, sodass er, anstatt auf seinem vernachlässigten Felde zu arbeiten, ebenfalls auf das Fischen verfiel und tagelang im Wasser herumplätscherte. Vrenchen durfte nicht von seiner Seite und musste ihm Eimer und Gerät nachtragen durch nasse Wiesengründe, durch Bäche und Wassertümpel aller Art, bei Regen und Sonnenschein, indessen sie das Notwendigste zu Hause liegenlassen musste. Denn es war sonst keine Seele mehr da und wurde auch keine gebraucht, da Marti das meiste Land schon verloren hatte und nur noch wenige Äcker besaß, die er mit seiner Tochter liederlich genug oder gar nicht bebaute.

So kam es, dass, als er eines Abends einen ziemlich tiefen und reißenden Bach entlangging, in welchem die Forellen fleißig sprangen, da der Himmel voll Gewitterwolken hing, er unverhofft auf seinen Feind Manz traf, der

---

[1] Er wäre energisch zurechtgewiesen worden.
[2] Ufern

an dem andern Ufer daherkam. Sobald er ihn sah, stieg
ein schrecklicher Groll und Hohn in ihm auf, sie waren
sich seit Jahren nicht so nahe gewesen, ausgenommen
vor den Gerichtsschranken, wo sie nicht schelten durf-
ten, und Marti rief jetzt voll Grimm: „Was tust du hier, 5
du Hund? Kannst du nicht in deinem Lotterneste bleiben, du Seldwyler Lumpenhund?"
„Wirst nächstens wohl auch ankommen, du Schelm!",
rief Manz. „Fische fängst du ja auch schon und wirst
deshalb nicht viel mehr zu versäumen haben!" 10
„Schweig, du Galgenhund!", schrie Marti, da hier die
Wellen des Baches stärker rauschten, „du hast mich ins
Unglück gebracht!" Und da jetzt auch die Weiden am
Bache gewaltig zu rauschen anfingen im aufgehenden
Wetterwind, so musste Manz noch lauter schreien: 15
„Wenn dem nur so wäre, so wollte ich mich freuen, du
elender Tropf[1]!" – „O du Hund!", schrie Marti herüber
und Manz hinüber: „O du Kalb, wie dumm tust du!"
Und jener sprang wie ein Tiger den Bach entlang und
suchte herüberzukommen. Der Grund, warum er der 20
Wütendere war, lag in seiner Meinung, dass Manz
als Wirt wenigstens genug zu essen und zu trinken hätte
und gewissermaßen ein kurzweiliges Leben führe, während es ungerechterweise ihm so langweilig wäre auf
seinem zertrümmerten Hofe. Manz schritt indessen 25
auch grimmig genug an der anderen Seite hin; hinter
ihm sein Sohn, welcher, statt auf den bösen Streit zu hören, neugierig und verwundert nach Vrenchen hinüber-
sah, welche hinter ihrem Vater ging, vor Scham in die
Erde sehend, dass ihr die braunen krausen Haare ins 30
Gesicht fielen. Sie trug einen hölzernen Fischeimer in
der einen Hand, in der anderen hatte sie Schuh und
Strümpfe getragen und ihr Kleid der Nässe wegen auf-
geschürzt. Seit aber Sali auf der anderen Seite ging, hatte
sie es schamhaft sinken lassen und war nun dreifach be- 35
lästigt und gequält, da sie alle das Zeug tragen, den
Rock zusammenhalten und des Streites wegen sich grä-

---

[1] hier: einfältiger, dummer Kerl

men musste. Hätte sie aufgesehen und nach Sali geblickt, so würde sie entdeckt haben, dass er weder vornehm noch sehr stolz mehr aussah und selbst bekümmert genug war. Während Vrenchen so ganz beschämt und ver-
5 wirrt auf die Erde sah und Sali nur diese in allem Elende schlanke und anmutige Gestalt im Auge hatte, die so verlegen und demütig dahinschritt, beachteten sie dabei nicht, wie ihre Väter still geworden, aber mit verstärkter Wut einem hölzernen Stege zueilten, der in kleiner Ent-
10 fernung über den Bach führte und eben sichtbar wurde. Es fing an zu blitzen und erleuchtete seltsam die dunkle melancholische Wassergegend; es donnerte auch in den grauschwarzen Wolken mit dumpfem Grolle und schwere Regentropfen fielen, als die verwilderten Män-
15 ner gleichzeitig auf die schmale, unter ihren Tritten schwankende Brücke stürzten, sich gegenseitig packten und die Fäuste in die vor Zorn und ausbrechendem Kummer bleichen zitternden Gesichter schlugen. Es ist nichts Anmutiges und nichts weniger als artig[1], wenn
20 sonst gesetzte Menschen noch in den Fall kommen, aus Übermut, Unbedacht oder Notwehr unter allerhand Volk, das sie nicht näher berührt, Schläge auszuteilen oder welche zu bekommen; allein dies ist eine harmlose Spielerei gegen das tiefe Elend, das zwei alte Menschen
25 überwältigt, die sich wohl kennen und seit lange kennen, wenn diese aus innerster Feindschaft und aus dem Gange einer ganzen Lebensgeschichte heraus sich mit nackten Händen anfassen und mit Fäusten schlagen. So taten jetzt diese beiden ergrauten Männer; vor fünfzig
30 Jahren vielleicht hatten sie sich als Buben zum letzten Mal gerauft, dann aber fünfzig lange Jahre mit keiner Hand mehr berührt, ausgenommen in ihrer guten Zeit, wo sie sich etwa zum Gruße die Hände geschüttelt, und auch dies nur selten bei ihrem trockenen und sichern
35 Wesen. Nachdem sie ein oder zweimal geschlagen, hielten sie inne und rangen still zitternd miteinander, nur zuweilen aufstöhnend und elendiglich knirschend, und einer suchte den andern über das knackende Geländer

---

[1]   hier: angebracht

ins Wasser zu werfen. Jetzt waren aber auch ihre Kinder nachgekommen und sahen den erbärmlichen Auftritt. Sali sprang eines Satzes heran um seinem Vater beizustehen und ihm zu helfen, dem gehassten Feinde den Garaus zu machen[1], der ohnehin der schwächere schien und eben zu unterliegen drohte. Aber auch Vrenchen sprang, alles wegwerfend, mit einem langen Aufschrei herzu und umklammerte ihren Vater, um ihn zu schützen, während sie ihn dadurch nur hinderte und beschwerte. Tränen strömten aus ihren Augen und sie sah flehend den Sali an, der im Begriff war, ihren Vater ebenfalls zu fassen und vollends zu überwältigen. Unwillkürlich legte er aber seine Hand an seinen eigenen Vater und suchte denselben mit festem Arm von dem Gegner loszubringen und zu beruhigen, sodass der Kampf eine kleine Weile ruhte oder vielmehr die ganze Gruppe unruhig hin und her drängte, ohne auseinanderzukommen. Darüber waren die jungen Leute, sich mehr zwischen die Alten schiebend, in dichte Berührung gekommen und in diesem Augenblicke erhellte ein Wolkenriss, der den grellen Abendschein durchließ, das nahe Gesicht des Mädchens und Sali sah in dies ihm so wohlbekannte und doch so viel anders und schöner gewordene Gesicht. Vrenchen sah in diesem Augenblicke auch sein Erstaunen und es lächelte ganz kurz und geschwind mitten in seinem Schrecken und in seinen Tränen ihn an. Doch ermannte sich Sali, geweckt durch die Anstrengungen seines Vaters, ihn abzuschütteln, und brachte ihn mit eindringlich bittenden Worten und fester Haltung endlich ganz von seinem Feinde weg. Beide alte Gesellen atmeten hoch auf und begannen jetzt wieder zu schelten und zu schreien, sich voneinander abwendend; ihre Kinder aber atmeten kaum und waren still wie der Tod, gaben sich aber im Wegwenden und Trennen, ungesehen von den Alten, schnell die Hände, welche vom Wasser und von den Fischen feucht und kühl waren[2]. Als die grollenden Parteien ihrer Wege gingen, hatten die Wolken sich wieder geschlossen, es dunkelte mehr

---

[1] ihn völlig zu vernichten [2] vgl. S. 89, Z. 22f.

und mehr, und der Regen goss nun in Bächen durch die Luft. Manz schlenderte voraus auf den dunklen nassen Wegen, er duckte sich, beide Hände in den Taschen, unter den Regengüssen, zitterte noch in seinen Gesichtszü-
5 gen und mit den Zähnen, und ungesehene Tränen rieselten ihm in den Stoppelbart, die er fließen ließ, um sie durch das Wegwischen nicht zu verraten. Sein Sohn hatte aber nichts gesehen, weil er in glückseligen Bildern verloren daherging. Er merkte weder Regen noch Sturm,
10 weder Dunkelheit noch Elend; sondern leicht, hell und warm war es ihm innen und außen, und er fühlte sich so reich und wohlgeborgen wie ein Königssohn. Er sah fortwährend das sekundenlange Lächeln des nahen schönen Gesichtes und erwiderte dasselbe erst jetzt, eine
15 gute halbe Stunde nachher, indem er voll Liebe in Nacht und Wetter hinein und das liebe Gesicht anlachte, das ihm allerwegen aus dem Dunkel entgegentrat, so-dass er glaubte, Vrenchen müsse auf seinen Wegen dies Lachen notwendig sehen und seiner innewerden.

20 Sein Vater war des andern Tags wie zerschlagen und wollte nicht aus dem Hause. Der ganze Handel[1] und das vieljährige Elend nahm heute eine neue, deutlichere Gestalt an und breitete sich dunkel aus in der drückenden Luft der Spelunke, also dass Mann und Frau matt
25 und scheu um das Gespenst[2] herumschlichen, aus der Stube in die dunklen Kämmerchen, von da in die Küche und aus dieser wieder sich in die Stube schleppten, in welcher kein Gast sich sehen ließ. Zuletzt hockte jedes in einem Winkel und begann den Tag über ein müdes,
30 halbtotes Zanken und Vorhalten mit dem andern, wobei sie zeitweise einschliefen, von unruhigen Tagträumen geplagt, welche aus dem Gewissen kamen und sie wieder weckten. Nur Sali sah und hörte nichts davon, denn er dachte nur an Vrenchen. Es war ihm immer noch zu-
35 mut, nicht nur als ob er unsäglich reich wäre, sondern

---

[1] der ganze langjährige Streit
[2] Nicht im wörtlichen Sinne zu verstehen; gemeint ist die scheinbar greifbare Gestaltwerdung des Streits und des Elends.

auch was Rechts gelernt hätte und unendlich viel Schönes und Gutes wüsste, da er nun so deutlich und bestimmt um das wusste, was er gestern gesehen. Diese Wissenschaft war ihm wie vom Himmel gefallen und er war in einer unaufhörlichen glücklichen Verwunderung 5 darüber; und doch war es ihm, als ob er es eigentlich von jeher gewusst und gekannt hätte, was ihn jetzt mit so wundersamer Süßigkeit erfüllte. Denn nichts gleicht dem Reichtum und der Unergründlichkeit eines Glückes, das an den Menschen herantritt in einer so klaren 10 und deutlichen Gestalt, vom Pfäfflein getauft[1] und wohl versehen mit einem eigenen Namen, der nicht tönt wie andere Namen[2].

Sali fühlte sich an diesem Tage weder müßig noch unglücklich, weder arm noch hoffnungslos; vielmehr war 15 er vollauf beschäftigt, sich Vrenchens Gesicht und Gestalt vorzustellen, unaufhörlich, eine Stunde wie die andere; über dieser aufgeregten[3] Tätigkeit aber verschwand ihm der Gegenstand derselben fast vollständig, das heißt, er bildete sich endlich ein, nun doch nicht 20 zu wissen, wie Vrenchen recht genau aussehe, er habe wohl ein allgemeines Bild von ihr im Gedächtnis, aber wenn er sie beschreiben sollte, so könnte er das nicht. Er sah fortwährend dies Bild, als ob es vor ihm stände, und fühlte seinen angenehmen Eindruck, und doch sah er es 25 nur wie etwas, das man eben nur einmal gesehen, in dessen Gewalt man liegt und das man doch noch nicht kennt. Er erinnerte sich genau der Gesichtszüge, welche das kleine Dirnchen einst gehabt, mit großem Wohlgefallen, aber nicht eigentlich derjenigen, welche er gestern 30 gesehen. Hätte er Vrenchen nie wieder zu sehen bekommen, so hätten sich seine Erinnerungskräfte schon behelfen müssen und das liebe Gesicht säuberlich wieder zusammengetragen, dass nicht ein Zug daran fehlte. Jetzt aber versagten sie schlau und hartnäckig ihren Dienst, 35

---

[1] d. h. in seiner bürgerlichen Existenz anerkannt
[2] Damit soll herausgestellt werden, dass Vrenchen für Sali etwas Besonderes darstellt.
[3] aufregend, erregend

weil die Augen nach ihrem Recht und ihrer Lust ver-
langten, und als am Nachmittage die Sonne warm und
hell die oberen Stockwerke der schwarzen Häuser be-
schien, strich Sali aus dem Tore und seiner alten Heimat
5 zu, welche ihm jetzt erst ein himmlisches Jerusalem[1] zu
sein schien mit zwölf glänzenden Pforten und die sein
Herz klopfen machte, als er sich ihr näherte.

Er stieß auf dem Wege auf Vrenchens Vater, welcher
nach der Stadt zu gehen schien. Der sah sehr wild und
10 liederlich[2] aus, sein grau gewordener Bart war seit Wochen nicht geschoren, und er sah aus wie ein recht böser
verlorener Bauersmann, der sein Feld verscherzt hat und
nun geht, um andern Übles zuzufügen. Dennoch sah
ihn Sali, als sie sich vorübergingen, nicht mehr mit Hass,
15 sondern voll Furcht und Scheu an, als ob sein Leben in
dessen Hand stände und er es lieber von ihm erflehen
als ertrotzen möchte. Marti aber maß ihn mit einem bösen Blicke von oben bis unten und ging seines Weges.
Das war indessen dem Sali recht, welchem es nun, da er
20 den Alten das Dorf verlassen sah, deutlicher wurde, was
er eigentlich da wolle, und er schlich sich auf altbekann-
ten Pfaden so lange um das Dorf herum und durch dessen verdeckte Gässchen, bis er sich Martis Haus und
Hof gegenüber befand. Seit mehreren Jahren hatte er
25 diese Stätte nicht mehr so nah gesehen; denn auch als sie
noch hier wohnten, hüteten sich die verfeindeten Leute
gegenseitig, sich ins Gehege zu kommen. Deshalb war
er nun erstaunt über das, was er doch an seinem eigenen
Vaterhause erlebt, und starrte voll Verwunderung in die
30 Wüstenei[3], die er vor sich sah. Dem Marti war ein Stück
Ackerland um das andere abgepfändet worden, er besaß
nichts mehr als das Haus und den Platz davor nebst etwas Garten und dem Acker auf der Höhe am Flusse,

---

[1] Anspielung auf den Bericht in der Offenbarung des Johannes 21,
    Vers. 2: „Und ich sah die heilige Stadt, das neue Jerusalem, [...] aus
    dem Himmel herabfahren, bereitet wie eine geschmückte Braut ih-
    rem Manne".
[2] ungepflegt
[3] eine öde, unbebaute, hier eher verwahrloste Stätte

von welchem er hartnäckig am längsten nicht lassen
wollte.

Es war aber keine Rede mehr von einer ordentlichen Be-
bauung und auf dem Acker, der einst so schön im
gleichmäßigen Korne gewogt, wenn die Ernte kam, wa- 5
ren jetzt allerhand abfällige Samenreste gesäet und auf-
gegangen, aus alten Schachteln und zerrissenen Düten[1]
zusammengekehrt, Rüben, Kraut und dergleichen und
etwas Kartoffeln, sodass der Acker aussah wie ein recht
übel gepflegter Gemüseplatz und eine wunderliche Mus- 10
terkarte[2] war, dazu angelegt, um von der Hand in den
Mund zu leben, hier eine Handvoll Rüben auszureißen,
wenn man Hunger hatte und nichts Besseres wusste,
dort eine Tracht[3] Kartoffeln oder Kraut, und das Übrige
fortwuchern oder verfaulen zu lassen, wie es mochte. 15
Auch lief jedermann darin herum, wie es ihm gefiel, und
das schöne breite Stück Feld sah beinahe so aus wie einst
der herrenlose Acker, von dem alles Unheil herkam. Deshalb war um das Haus nicht eine Spur von Ackerwirt-
schaft zu sehen. Der Stall war leer, die Türe hing nur in 20
einer Angel und unzählige Kreuzspinnen, den Sommer
hindurch halb groß geworden, ließen ihre Fäden in der
Sonne glänzen vor dem dunklen Eingang. An dem offen
stehenden Scheunentor, wo einst die Früchte des festen
Landes eingefahren, hing schlechtes Fischergeräte, zum 25
Zeugnis der verkehrten Wasserpfuscherei[4]; auf dem Hofe
war nicht ein Huhn und nicht eine Taube, weder Katze
noch Hund zu sehen; nur der Brunnen war noch als etwas Lebendiges da, aber er floss nicht mehr durch die
Röhre, sondern sprang durch einen Riss nahe am Boden 30
über diesen hin und setzte überall kleine Tümpel an, sodass er das beste Sinnbild der Faulheit abgab. Denn
während mit wenig Mühe des Vaters das Loch zu ver-

---

[1] Tüten
[2] von lateinisch monstrare = zeigen, so viel wie „Ansichts"karte
[3] Substantiv zu tragen: das, was eine Person tragen kann
[4] Pfuscherei deshalb, weil sie nicht ordentlich betrieben wird, ver-
     kehrt deshalb, weil der Fischfang nicht zu den charakteristischen
     Tätigkeiten eines Bauern zählt.

stopfen und die Röhre herzustellen gewesen wäre, musste sich Vrenchen nun abquälen, selbst das lautere[1] Wasser dieser Verkommenheit abzugewinnen und seine
Wäscherei in den seichten Sammlungen am Boden
5 vorzunehmen statt in dem vertrockneten und zerspell-
ten[2] Troge. Das Haus selbst war ebenso kläglich anzusehen; die Fenster waren vielfältig zerbrochen und mit Papier verklebt, aber doch waren sie das Freundlichste an
dem Verfall; denn sie waren, selbst die zerbrochenen
10 Scheiben, klar und sauber gewaschen, ja förmlich poliert,
und glänzten so hell wie Vrenchens Augen, welche ihm
in seiner Armut ja auch allen übrigen Staat ersetzen
mussten. Und wie die krausen Haare und die rotgelben
Kattunhalstücher[3] zu Vrenchens Augen, stand zu diesen
15 blinkenden Fenstern das wilde grüne Gewächs, was da
durcheinanderrankte um das Haus, flatternde Bohnen-
wäldchen und eine ganze duftende Wildnis von rotgel-
bem Goldlack. Die Bohnen hielten sich, so gut sie konnten, hier an einem Harkenstiel oder an einem verkehrt in
20 die Erde gesteckten Stumpfbesen[4], dort an einer von Rost
zerfressenen Helbarte[5] oder Sponton, wie man es nannte,
als Vrenchens Großvater das Ding als Wachtmeister getragen, welches es jetzt aus Not in die Bohnen gepflanzt
hatte; dort kletterten sie wieder lustig eine verwitterte
25 Leiter empor, die am Hause lehnte seit undenklichen
Zeiten, und hingen von da in die klaren Fensterchen hinunter wie Vrenchens Kräuselhaare in seine Augen. Dieser mehr malerische als wirtliche[6] Hof lag etwas beiseit
und hatte keine näheren Nachbarhäuser, auch ließ sich in
30 diesem Augenblicke nirgends eine lebendige Seele wahr-

---

[1] reine, saubere

[2] zerbrochenen, geborstenen

[3] Kattun ist ein dünner, bedruckter Baumwollstoff.

[4] Reisigbesen, wie sie früher von den Besenbindern hergestellt wurden

[5] Eine Hellebarde war im Mittelalter eine Hieb- und Stoßwaffe; heute wird sie noch von den Schweizer Garden des Vatikans als
Prunkwaffe benutzt.

[6] gastlich

nehmen; Sali lehnte daher in aller Sicherheit an einem alten Scheunchen, etwa dreißig Schritte entfernt, und
schaute unverwandt nach dem stillen wüsten Hause hinüber. Eine geraume Zeit lehnte und schaute er so, als
Vrenchen unter die Haustür kam und lange vor sich hin 5
blickte, wie mit allen ihren Gedanken an einem Gegen-
stande hängend. Sali rührte sich nicht und wandte kein
Auge von ihr. Als sie endlich zufällig in dieser Richtung
hinsah, fiel er ihr in die Augen. Sie sahen sich eine Weile
an, herüber und hinüber, als ob sie eine Lufterscheinung 10
betrachteten, bis sich Sali endlich aufrichtete und langsam über die Straße und über den Hof ging auf Vrenchen
los. Als er dem Mädchen nahe war, streckte es seine
Hände gegen ihn aus und sagte: „Sali!" Er ergriff die
Hände und sah ihr immerfort ins Gesicht. Tränen stürz- 15
ten aus ihren Augen, während sie unter seinen Blicken
vollends dunkelrot wurde, und sie sagte: „Was willst du
hier?" – „Nur dich sehen!", erwiderte er, „wollen wir
nicht wieder gute Freunde sein?" „Und unsere Eltern?",
fragte Vrenchen, sein weinendes Gesicht zur Seite nei- 20
gend, da es die Hände nicht frei hatte, um es zu bedek-
ken. „Sind wir schuld an dem, was sie getan und geworden sind?" sagte Sali, „vielleicht können wir das Elend
nur gut machen, wenn wir zwei zusammenhalten und
uns recht lieb sind!" – „Es wird nie gut kommen", ant- 25
wortete Vrenchen mit einem tiefen Seufzer, „geh in Gottes Namen deiner Wege, Sali!" – „Bist du allein?", fragte
dieser, „kann ich einen Augenblick hineinkommen?" –
„Der Vater ist zur Stadt, wie er sagte, um deinem Vater
irgendetwas anzuhängen; aber hereinkommen kannst du 30
nicht, weil du später vielleicht nicht so ungesehen weggehen kannst wie jetzt. Noch ist alles still und niemand
um den Weg, ich bitte dich, geh jetzt!" – „Nein, so geh
ich nicht! Ich musste seit gestern immer an dich denken,
und ich geh nicht so fort, wir müssen miteinander reden, 35
wenigstens eine halbe Stunde lang oder eine Stunde, das
wird uns gut tun!" Vrenchen besann sich ein Weilchen
und sagte dann: „Ich geh gegen Abend auf unsern Acker
hinaus, du weißt welchen, wir haben nur noch den, und
hole etwas Gemüse. Ich weiß, dass niemand weiter dort 40

sein wird, weil die Leute anderswo schneiden[1]; wenn du willst, so komm dorthin, aber jetzt geh und nimm dich in Acht, dass dich niemand sieht! Wenn auch kein Mensch hier mehr mit uns umgeht, so würden sie doch ein sol-
5 ches Gerede machen, dass es der Vater sogleich vernähme." Sie ließen sich jetzt die Hände frei, ergriffen sie aber auf der Stelle wieder und beide sagten gleichzeitig: „Und wie geht es dir auch?" Aber statt sich zu antworten, fragten sie das Gleiche aufs Neue und die Antwort lag nur in
10 den beredten Augen, da sie nach Art der Verliebten die Worte nicht mehr zu lenken wussten und, ohne sich weiter etwas zu sagen, endlich halb selig halb traurig auseinanderhuschten. „Ich komme recht bald hinaus, geh nur gleich hin!", rief Vrenchen noch nach.
15 Sali ging auch alsobald auf die stille schöne Anhöhe hinaus, über welche die zwei Äcker sich erstreckten, und die prächtige stille Julisonne, die fahrenden weißen Wolken, welche über das reife wallende Kornfeld wegzogen, der glänzende blaue Fluss, der unten vorüberwallte, al-
20 les dies erfüllte ihn zum ersten Male seit langen Jahren wieder mit Glück und Zufriedenheit statt mit Kummer, und er warf sich der Länge nach in den durchsichtigen Halbschatten des Kornes, wo dasselbe Martis wilden Akker begrenzte, und guckte glückselig in den Himmel.
25 Obgleich es kaum eine Viertelstunde währte, bis Vrenchen nachkam, und er an nichts anderes dachte als an sein Glück und dessen Namen, stand es doch plötzlich und unverhofft vor ihm, auf ihn niederlächelnd, und froh erschreckt sprang er auf. „Vreeli!", rief er, und die-
30 ses gab ihm still und lächelnd beide Hände, und Hand in Hand gingen sie nun das flüsternde Korn entlang bis gegen den Fluss hinunter und wieder zurück, ohne viel zu reden; sie legten zwei und dreimal den Hin- und Herweg zurück, still, glückselig und ruhig, sodass dieses
35 einige Paar nun auch einem Sternenbilde glich[2], welches

---

[1] das Korn schneiden
[2] vgl. S. 6, Zeile 31–34: „[...] bis beide wie zwei untergehende Gestirne hinter die Wölbung des Hügels hinabgingen [...], um eine gute Weile darauf wieder zu erscheinen."

über die sonnige Rundung der Anhöhe und hinter derselben niederging, wie einst die sicher gehenden Pflug-
züge ihrer Väter. Als sie aber einsmals[1] die Augen von
den blauen Kornblumen aufschlugen, an denen sie ge-
haftet, sahen sie plötzlich einen andern dunklen Stern 5
vor sich hergehen, einen schwärzlichen Kerl, von dem
sie nicht wussten, woher er so unversehens gekommen.
Er musste im Korne gelegen haben; Vrenchen zuckte zusammen und Sali sagte erschreckt: „Der schwarze Geiger!" In der Tat trug der Kerl, der vor ihnen herstrich, 10
eine Geige mit dem Bogen unter dem Arm und sah übri-
gens schwarz genug aus; neben einem schwarzen Filzhütchen und einem schwarzen rußigen Kittel, den er
trug, war auch sein Haar pechschwarz so wie der unge-
schorene Bart, das Gesicht und die Hände aber ebenfalls 15
geschwärzt; denn er trieb allerlei Handwerk, meistens
Kesselflicken, half auch den Kohlenbrennern[2] und Pech-
siedern[3] in den Wäldern und ging mit der Geige nur auf
einen guten Schick aus[4], wenn die Bauern irgendwo lustig waren und ein Fest feierten. Sali und Vrenchen gin- 20
gen mäuschenstill hinter ihm drein und dachten, er
würde vom Felde gehen und verschwinden, ohne sich
umzusehen, und so schien es auch zu sein, denn er tat,
als ob er nichts von ihnen merkte. Dazu waren sie in einem seltsamen Bann, dass sie nicht wagten, den schmalen 25
Pfad zu verlassen, und dem unheimlichen Gesellen unwillkürlich folgten bis an das Ende des Feldes, wo jener
ungerechte Steinhaufen lag, der das immer noch streiti-
ge Ackerzipfelchen bedeckte. Eine zahllose Menge von
Mohnblumen oder Klatschrosen hatte sich darauf ange- 30
siedelt, weshalb der kleine Berg feuerrot aussah zurzeit.
Plötzlich sprang der schwarze Geiger mit einem Satze
auf die rotbekleidete Steinmasse hinauf, kehrte sich und
sah ringsum. Das Pärchen blieb stehen und sah verlegen

---

[1] plötzlich, auf einmal
[2] Sie stellten Holzkohle in Meilern her.
[3] Sie stellten Pech zum Isolieren oder Abdichten her, indem sie Har-
    ze oder Kohlenteer siedeten.
[4] um ein gutes Geschäft zu machen

zu dem dunklen Burschen hinauf; denn vorbei konnten
sie nicht gehen, weil der Weg in das Dorf führte, und
umkehren mochten sie auch nicht vor seinen Augen. Er
sah sie scharf an und rief: „Ich kenne euch, ihr seid die
5 Kinder derer, die mir den Boden hier gestohlen haben!
Es freut mich zu sehen, wie gut ihr gefahren seid, und
werde gewiss noch erleben, dass ihr vor mir den Weg
alles Fleisches geht! Seht mich nur an, ihr zwei Spatzen!
Gefällt euch meine Nase, wie?" In der Tat besaß er eine
10 schreckbare Nase[1], welche wie ein großes Winkelmaß
aus dem dürren schwarzen Gesicht ragte oder eigentlich
mehr einem tüchtigen Knebel[2] oder Prügel glich, welcher in dies Gesicht geworfen worden war und unter
dem ein kleines rundes Löchelchen von einem Munde
15 sich seltsam stutzte und zusammenzog, aus dem er unaufhörlich pustete, pfiff und zischte. Dazu stand das
kleine Filzhütchen ganz unheimlich, welches nicht rund
und nicht eckig und so sonderlich geformt war, dass es
alle Augenblicke seine Gestalt zu verändern schien, ob-
20 gleich es unbeweglich saß, und von den Augen des Kerls
war fast nichts als das Weiße zu sehen, da die Sterne unaufhörlich auf einer blitzschnellen Wanderung begriffen
waren und wie zwei Hasen im Zickzack umhersprang-
en. „Seht mich nur an", fuhr er fort, „eure Väter ken-
25 nen mich wohl, und jedermann in diesem Dorfe weiß,
wer ich bin, wenn er nur meine Nase ansieht. Da haben
sie vor Jahren ausgeschrieben, dass ein Stück Geld für
den Erben dieses Ackers bereitliege; ich habe mich
zwanzigmal gemeldet, aber ich habe keinen Taufschein
30 und keinen Heimatschein, und meine Freunde, die Heimatlosen, die meine Geburt gesehen, haben kein gülti-
ges Zeugnis, und so ist die Frist längst verlaufen und ich
bin um den blutigen Pfennig[3] gekommen, mit dem ich
hätte auswandern können! Ich habe eure Väter ange-
35 fleht, dass sie mir bezeugen möchten, sie müssten mich
nach ihrem Gewissen für den rechten Erben halten; aber

---

[1] eine Nase zum Erschrecken
[2] Holzstück, Pflock
[3] von mittelhochdeutsch blut = bloß, nackt: der geringste Pfennig

sie haben mich von ihren Höfen gejagt, und nun sind sie
selbst zum Teufel gegangen! Item[1], das ist der Welt Lauf,
mir kann's recht sein, ich will euch doch geigen, wenn
ihr tanzen wollt!" Damit sprang er auf der anderen Seite
von den Steinen hinunter und machte sich dem Dorfe 5
zu, wo gegen Abend der Erntesegen eingebracht wurde
und die Leute guter Dinge waren. Als er verschwunden,
ließ sich das Paar ganz mutlos und betrübt auf die Steine nieder; sie ließen ihre verschlungenen Hände fahren
und stützten die traurigen Köpfe darauf; denn die Er- 10
scheinung des Geigers und seine Worte hatten sie aus
der glücklichen Vergessenheit gerissen, in welcher sie
wie zwei Kinder auf und ab gewandelt, und wie sie nun
auf dem harten Grund ihres Elendes saßen, verdunkelte
sich das heitere Lebenslicht und ihre Gemüter wurden 15
so schwer wie Steine.

Da erinnerte sich Vrenchen unversehens der wunderlichen Gestalt und der Nase des Geigers, es musste plötzlich hell auflachen und rief: „Der arme Kerl sieht gar
zu spaßhaft aus! Was für eine Nase!" Und eine 20
allerliebste sonnenhelle Lustigkeit verbreitete sich über
des Mädchens Gesicht, als ob sie nur geharrt hätte, bis
des Geigers Nase die trüben Wolken wegstieße. Sali sah
Vrenchen an und sah diese Fröhlichkeit. Es hatte die Ursache aber schon wieder vergessen und lachte nur noch 25
auf eigene Rechnung[2] dem Sali ins Gesicht. Dieser, verblüfft und erstaunt, starrte unwillkürlich mit lachendem
Munde auf die Augen, gleich einem Hungrigen, der ein
süßes Weizenbrot erblickt, und rief. „Bei Gott, Vreeli!
wie schön bist du!" Vrenchen lachte ihn nur noch mehr 30
an und hauchte dazu aus klangvoller Kehle einige kurze
mutwillige Lachtöne, welche dem armen Sali nicht anders dünkten als der Gesang einer Nachtigall. „O du
Hexe!", rief er, „wo hast du das gelernt? Welche Teufelskünste treibst du da?" – „Ach du lieber Gott!", sagte 35
Vrenchen mit schmeichelnder Stimme und nahm Salis
Hand, „das sind keine Teufelskünste! Wie lange hätte

---

[1] lateinisch = ebenso, desgleichen
[2] nur noch einfach so, ohne besonderen Grund

ich gern einmal gelacht! Ich habe wohl zuweilen, wenn ich ganz allein war, über irgendetwas lachen müssen, aber es war nichts Rechts dabei; jetzt aber möchte ich dich immer und ewig anlachen, wenn ich dich sehe, und ich
5 möchte dich wohl immer und ewig sehen! Bist du mir auch ein bisschen recht gut?" – „O Vreeli!", sagte er und sah ihr ergeben und treuherzig in die Augen, „ich habe noch nie ein Mädchen angesehen, es war mir immer, als ob ich dich einst lieb haben müsste, ohne dass ich wollte
10 oder wusste, hast du mir doch immer im Sinn gelegen!"
– „Und du mir auch", sagte Vrenchen, „und das noch viel mehr; denn du hast mich nie angesehen und wusstest nicht, wie ich geworden bin; ich aber habe dich zuzeiten aus der Ferne und sogar heimlich aus der Nähe
15 recht gut betrachtet und wusste immer, wie du aussiehst! Weißt du noch, wie oft wir als Kinder hierher gekommen sind? Denkst du noch des kleinen Wagens? Wie kleine Leute sind wir damals gewesen und wie lang ist es her! Man sollte denken, wir wären recht alt?" – „Wie alt bist
20 du jetzt?", fragte Sali voll Vergnügen und Zufriedenheit, „du musst ungefähr siebzehn sein?" – „Siebzehn und ein halbes Jahr bin ich alt!", erwiderte Vrenchen, „und wie alt bist du? Ich weiß aber schon, du bist bald zwanzig!" – „Woher weißt du das?", fragte Sali. „Gelt, wenn
25 ich es sagen wollte!" – „Du willst es nicht sagen?" – „Nein!" – „Gewiss nicht?" – „Nein, nein!" – „Du sollst es sagen!" – „Willst du mich etwa zwingen?" – „Das wollen wir sehen!" Diese einfältigen Reden führte Sali um seine Hände zu beschäftigen und mit ungeschickten
30 Liebkosungen, welche wie eine Strafe aussehen sollten, das schöne Mädchen zu bedrängen. Sie führte auch, sich wehrend, mit vieler Langmut den albernen Wortwechsel fort, der trotz seiner Leerheit beide witzig und süß genug dünkte, bis Sali erbost und kühn genug war, Vren-
35 chens Hände zu bezwingen und es in die Mohnblumen zu drücken. Da lag es nun und zwinkerte in der Sonne mit den Augen; seine Wangen glühten wie Purpur und sein Mund war halb geöffnet und ließ zwei Reihen weiße Zähne durchschimmern. Fein und schön flossen
40 die dunklen Augenbrauen ineinander und die junge

Brust hob und senkte sich mutwillig unter sämtlichen
vier Händen, welche sich kunterbunt darauf streichelten
und bekriegten. Sali wusste sich nicht zu lassen vor Freuden, das schlanke schöne Geschöpf vor sich zu sehen, es
sein Eigen zu wissen, und es dünkte ihm ein Königreich. ₅
„Alle deine weißen Zähne hast du noch!", lachte er,
„weißt du noch, wie oft wir sie einst gezählt haben?
Kannst du jetzt zählen?" – „Das sind ja nicht die Gleichen, du Kind!" sagte Vrenchen, „jene sind längst ausge-
fallen!" Sali wollte nun in seiner Einfalt jenes Spiel wie- ₁₀
der erneuern und die glänzenden Zahnperlen zählen;
aber Vrenchen verschloss plötzlich den roten Mund, richtete sich auf und begann einen Kranz von Mohnrosen zu
winden, den es sich auf den Kopf setzte. Der Kranz war
voll und breit und gab der bräunlichen Dirne ein fabel- ₁₅
haftes[1] reizendes Ansehen und der arme Sali hielt in seinem Arm, was reiche Leute teuer bezahlt hätten, wenn
sie es nur gemalt an ihren Wänden hätten sehen können.
Jetzt sprang sie aber empor und rief. „Himmel, wie heiß
ist es hier! Da sitzen wir wie die Narren und lassen uns ₂₀
versengen[2]! Komm, mein Lieber! Lass uns ins hohe Korn
sitzen!" Sie schlüpften hinein so geschickt und sachte,
dass sie kaum eine Spur zurückließen und bauten sich
einen engen Kerker in den goldenen Ähren, die ihnen
hoch über den Kopf ragten, als sie drin saßen, sodass sie ₂₅
nur den tief blauen Himmel über sich sahen und sonst
nichts von der Welt. Sie umhalsten sich und küssten sich
unverweilt und so lange, bis sie einstweilen müde waren, oder wie man es nennen will, wenn das Küssen
zweier Verliebter auf eine oder zwei Minuten sich selbst ₃₀
überlebt und die Vergänglichkeit alles Lebens mitten im
Rausche der Blütezeit ahnen lässt. Sie hörten die Lerchen
singen hoch über sich und suchten dieselben mit ihren
scharfen Augen, und wenn sie glaubten, flüchtig eine in
der Sonne aufblitzen zu sehen, gleich einem plötzlich ₃₅
aufleuchtenden oder hinschießenden Stern am blauen
Himmel, so küssten sie sich wieder zur Belohnung und

---

[1] hier im Sinne von unwirklich schön, märchenhaft
[2] verbrennen

suchten einander zu übervorteilen und zu täuschen, soviel sie konnten. „Siehst du, dort blitzt eine!", flüsterte Sali und Vrenchen erwiderte ebenso leise: „Ich höre sie wohl, aber ich sehe sie nicht!" – „Doch, pass nur auf, dort
5 wo das weiße Wölkchen steht, ein wenig rechts davon!" Und beide sahen eifrig hin und sperrten vorläufig ihre Schnäbel auf, wie die jungen Wachteln im Neste, um sie unverzüglich aufeinanderzuheften, wenn sie sich einbildeten, die Lerche gesehen zu haben. Auf einmal hielt
10 Vrenchen inne und sagte: „Dies ist also eine ausgemachte Sache, dass jedes von uns einen Schatz hat, dünkt es dich nicht so?" – „Ja", sagte Sali, „es scheint mir auch so!" – „Wie gefällt dir denn dein Schätzchen", sagte Vrenchen, „was ist es für ein Ding, was hast du von ihm
15 zu melden?" -„Es ist ein gar feines Ding", sagte Sali, „es hat zwei braune Augen, einen roten Mund und läuft auf zwei Füßen; aber seinen Sinn kenn ich weniger als den Papst zu Rom! Und was kannst du von deinem Schatz berichten?" – „Er hat zwei blaue Augen, einen nichts-
20 nutzigen Mund und braucht zwei verwegene starke Arme; aber seine Gedanken sind mir unbekannter als der türkische Kaiser!" – „Es ist eigentlich wahr", sagte Sali, „dass wir uns weniger kennen, als wenn wir uns nie gesehen hätten, so fremd hat uns die lange Zeit gemacht,
25 seit wir groß geworden sind! Was ist alles vorgegangen in deinem Köpfchen, mein liebes Kind?" „Ach, nicht viel! Tausend Narrenspossen haben sich wollen regen, aber es ist mir immer so trübselig ergangen, dass sie nicht aufkommen konnten!" – „Du armes Schätzchen",
30 sagte Sali, „ich glaube aber, du hast es hinter den Ohren, nicht?" „Das kannst du ja nach und nach erfahren, wenn du mich recht lieb hast!" – „Wenn du einst meine Frau bist?" Vrenchen zitterte leis bei diesem letzten Worte und schmiegte sich tiefer in Salis Arme, ihn von neuem
35 lange und zärtlich küssend. Es traten ihr dabei Tränen in die Augen und beide wurden auf einmal traurig, da ihnen ihre hoffnungsarme Zukunft in den Sinn kam und die Feindschaft ihrer Eltern. Vrenchen seufzte und sagte: „Komm, ich muss nun gehen!" Und so erhoben sie sich
40 und gingen Hand in Hand aus dem Kornfeld, als sie

Vrenchens Vater spähend vor sich sahen. Mit dem kleinlichen Scharfsinn des müßigen Elendes hatte dieser, als
er dem Sali begegnet, neugierig gegrübelt, was der wohl
allein im Dorfe zu suchen ginge, und sich des gestrigen
Vorfalles erinnernd verfiel er, immer nach der Stadt zu ₅
schlendernd, endlich auf die richtige Spur, rein aus Groll
und unbeschäftigter Bosheit, und nicht so bald gewann
der Verdacht eine bestimmte Gestalt[1], als er mitten in
den Gassen von Seldwyla umkehrte und wieder in das
Dorf hinaustrollte[2], wo er seine Tochter in Haus und ₁₀
Hof rings in den Hecken vergeblich suchte. Mit wach-
sender Neugier rannte er auf den Acker hinaus, und als
er da Vrenchens Korb liegen sah, in welchem es die
Früchte zu holen pflegte, das Mädchen selbst aber nirgends erblickte, spähte er eben am Korne des Nachbars ₁₅
herum, als die erschrockenen Kinder herauskamen.
Sie standen wie versteinert und Marti stand erst auch da
und beschaute sie mit bösen Blicken, bleich wie Blei;
dann fing er fürchterlich an zu toben in Gebärden und
Schimpfworten und langte zugleich grimmig nach dem ₂₀
jungen Burschen, um ihn zu würgen; Sali wich aus und
floh einige Schritte zurück, entsetzt über den wilden
Mann, sprang aber sogleich wieder zu, als er sah, dass
der Alte statt seiner nun das zitternde Mädchen fasste,
ihm eine Ohrfeige gab, dass der rote Kranz herunterflog, ₂₅
und seine Haare um die Hand wickelte, um es mit sich
fortzureißen und weiter zu misshandeln. Ohne sich zu
besinnen, raffte er einen Stein auf und schlug mit demselben den Alten gegen den Kopf, halb in Angst um
Vrenchen und halb im Jähzorn. Marti taumelte erst ein ₃₀
wenig, sank dann bewusstlos auf den Steinhaufen nieder und zog das erbärmlich aufschreiende Vrenchen mit.
Sali befreite noch dessen Haare aus der Hand des Be-
wusstlosen und richtete es auf; dann stand er da wie eine Bildsäule[3], ratlos und gedankenlos. Das Mädchen, als ₃₅

---

[1] kaum hatte der Verdacht eine bestimmte Gestalt angenommen
[2] Anspielung auf den scheinbar ungelenken, schwerfälligen Gang des
     Bären
[3] Denkmal, Statue, deutet die Bewegungslosigkeit an

es den wie tot daliegenden Vater sah, fuhr sich mit den
Händen über das erbleichende Gesicht, schüttelte sich
und sagte: „Hast du ihn erschlagen?" Sali nickte lautlos
und Vrenchen schrie: „O Gott, du lieber Gott! Es ist mein
5 Vater! Der arme Mann!" Und sinnlos warf es sich über
ihn und hob seinen Kopf auf, an welchem indessen kein
Blut floss. Es ließ ihn wieder sinken; Sali ließ sich auf der
anderen Seite des Mannes nieder und beide schauten,
still wie das Grab und mit erlahmten reglosen Händen,
10 in das leblose Gesicht. Um nur etwas anzufangen, sagte
endlich Sali: „Er wird doch nicht gleich tot sein müssen?
Das ist gar nicht ausgemacht!" Vrenchen riss ein Blatt
von einer Klatschrose ab und legte es auf die erblassten
Lippen und es bewegte sich schwach. „Er atmet noch",
15 rief es, „so lauf doch ins Dorf und hol Hilfe!" Als Sali
aufsprang und laufen wollte, streckte es ihm die Hand
nach und rief ihn zurück: „Komm aber nicht mit zurück
und sage nichts, wie es zugegangen, ich werde auch
schweigen, man soll nichts aus mir herausbringen!", sag-
20 te es und sein Gesicht, das es dem armen ratlosen Burschen zuwandte, überfloss von schmerzlichen Tränen.
„Komm, küss mich noch einmal! Nein, geh, mach dich
fort! Es ist aus, es ist ewig aus, wir können nicht zusammenkommen!" Es stieß ihn fort und er lief willenlos dem
25 Dorfe zu. Er begegnete einem Knäbchen, das ihn nicht
kannte; diesem trug er auf, die nächsten Leute zu holen,
und beschrieb ihm genau, wo die Hilfe nötig sei. Dann
machte er sich verzweifelt fort und irrte die ganze Nacht
im Gehölze herum. Am Morgen schlich er in die Felder,
30 um zu erspähen, wie es gegangen sei, und hörte von frühen Leuten[1], welche miteinander sprachen, dass Marti
noch lebe, aber nichts von sich wisse, und wie das eine
seltsame Sache wäre, da kein Mensch wisse, was ihm zu-
gestoßen. Erst jetzt ging er in die Stadt zurück und ver-
35 barg sich in dem dunklen Elend des Hauses.

Vrenchen hielt ihm Wort; es war nichts aus ihm heraus-
zufragen, als dass es selbst den Vater so gefunden habe,

---

[1] von Leuten, die früh unterwegs waren

und da er am anderen Tage sich wieder tüchtig regte und atmete, freilich ohne Bewusstsein, und überdies kein Kläger da war, so nahm man an, er sei betrunken gewesen und auf die Steine gefallen, und ließ die Sache auf sich beruhen. Vrenchen pflegte ihn und ging nicht von seiner Seite, außer um die Arzneimittel zu holen beim Doktor und etwa für sich selbst eine schlechte[1] Suppe zu kochen; denn es lebte beinahe von nichts, obgleich es Tag und Nacht wach sein musste und niemand ihm half. Es dauerte beinahe sechs Wochen, bis der Kranke allmählich zu seinem Bewusstsein kam, obgleich er vorher schon wieder aß und in seinem Bette ziemlich munter war. Aber es war nicht das alte Bewusstsein, das er jetzt erlangte, sondern es zeigte sich immer deutlicher, je mehr er sprach, dass er blödsinnig geworden, und zwar auf die wunderlichste Weise. Er erinnerte sich nur dunkel an das Geschehene und wie an etwas sehr Lustiges, was ihn nicht weiter berühre, lachte immer wie ein Narr und war guter Dinge. Noch im Bette liegend brachte er hundert närrische, sinnlos mutwillige Redensarten und Einfälle zum Vorschein, schnitt Gesichter und zog sich die schwarzwollene Zipfelmütze in die Augen und über die Nase herunter, dass diese aussah wie ein Sarg unter einem Bahrtuch. Das bleiche und abgehärmte Vrenchen hörte ihm geduldig zu, Tränen vergießend über das törichte Wesen, welches die arme Tochter noch mehr ängstigte als die frühere Bosheit; aber wenn der Alte zuweilen etwas gar zu Drolliges anstellte, so musste es mitten in seiner Qual laut auflachen, da sein unterdrücktes Wesen immer zur Lust aufzuspringen bereit war, wie ein gespannter Bogen, worauf dann eine um so tiefere Betrübnis erfolgte. Als der Alte aber aufstehen konnte, war gar nichts mehr mit ihm anzustellen; er machte nichts als Dummheiten, lachte und stöberte um das Haus herum, setzte sich in die Sonne und streckte die Zunge heraus oder hielt lange Reden in die Bohnen hinein[2].

---

[1] schlichte, einfache Suppe
[2] redete Unsinn

Um die gleiche Zeit aber war es auch aus mit den wenigen Überbleibseln seines ehemaligen Besitzes und die Unordnung so weit gediehen, dass auch sein Haus und der letzte Acker, seit geraumer Zeit verpfändet, nun ge-
5 richtlich verkauft wurden. Denn der Bauer, welcher die zwei Äcker des Manz gekauft, benutzte die gänzliche Verkommenheit Martis und seine Krankheit und führte den alten Streit wegen des strittigen Steinfleckes kurz und entschlossen zu Ende, und der verlorene Prozess
10 trieb Martis Fass vollends den Boden aus, indessen er in seinem Blödsinne nichts mehr von diesen Dingen wusste. Die Versteigerung fand statt; Marti wurde von der Gemeinde in einer Stiftung für dergleichen arme Tröpfe auf öffentliche Kosten untergebracht. Diese Anstalt be-
15 fand sich in der Hauptstadt des Ländchens; der gesunde und essbegierige Blödsinnige wurde noch gut gefüttert, dann auf ein mit Ochsen bespanntes Wägelchen geladen, das ein ärmlicher Bauersmann nach der Stadt führte, um zugleich einen oder zwei Säcke Kartoffeln zu ver-
20 kaufen, und Vrenchen setzte sich zu dem Vater auf das Fuhrwerk, um ihn auf diesem letzten Gange zu dem lebendigen Begräbnis zu begleiten. Es war eine traurige und bittere Fahrt, aber Vrenchen wachte sorgfältig über seinen Vater und ließ es ihm an nichts fehlen, und es sah
25 sich nicht um und ward nicht ungeduldig, wenn durch die Kapriolen[1] des Unglücklichen die Leute aufmerksam wurden und dem Wägelchen nachliefen, wo sie durchfuhren. Endlich erreichten sie das weitläufige Gebäude in der Stadt, wo die langen Gänge, die Höfe und ein
30 freundlicher Garten von einer Menge ähnlicher Tröpfe belebt waren, die alle in weiße Kittel gekleidet waren und dauerhafte Lederkäppchen auf den harten Köpfen trugen. Auch Marti wurde noch vor Vrenchens Augen in diese Tracht gekleidet und er freute sich wie ein Kind
35 darüber und tanzte singend umher. „Gott grüß euch, ihr geehrten Herren!", rief er seine neuen Genossen an, „ein

---

[1] mutwillige Scherze, Albernheiten

schönes Haus habt ihr hier! Geh heim, Vrenggel, und sag der Mutter, ich komme nicht mehr nach Haus, hier gefällt's mir bei Gott! Juchhei! Es kreucht ein Igel über den Hag, ich hab ihn hören bellen! O Meitli[1], küss kein alten Knab, küss nur die jungen Gesellen! Alle die Wäs- serlein laufen in Rhein, die mit dem Pflaumenaug, die muss es sein! Gehst du schon, Vreeli? Du siehst ja aus wie der Tod im Häfelein[2] und geht es mir doch so er- freulich! Die Füchsin schreit im Felde: Halleo, halleo! das Herz tut ihr weho! hoho!" Ein Aufseher gebot ihm Ruhe und führte ihn zu einer leichten Arbeit und Vren- chen ging, das Fuhrwerk aufzusuchen. Es setzte sich auf den Wagen, zog ein Stückchen Brot hervor und aß das- selbe, dann schlief es, bis der Bauer kam und mit ihm nach dem Dorfe zurückfuhr. Sie kamen erst in der Nacht an. Vrenchen ging nach dem Hause, in dem es geboren und nur zwei Tage bleiben durfte, und es war jetzt zum ersten Mal in seinem Leben ganz allein darin. Es machte ein Feuer, um das letzte Restchen Kaffee zu kochen, das es noch besaß, und setzte sich auf den Herd, denn es war ihm ganz elendiglich zumut. Es sehnte sich und härmte sich ab, den Sali nur ein einziges Mal zu sehen, und dachte inbrünstig an ihn; aber die Sorgen und der Kummer verbitterten seine Sehnsucht, und diese machte die Sorgen wieder viel schwerer. So saß es und stützte den Kopf in die Hände, als jemand durch die offen ste- hende Tür hereinkam. „Sali!", rief Vrenchen, als es auf- sah, und fiel ihm um den Hals; dann sahen sich aber bei- de erschrocken an und riefen: „Wie siehst du elend aus!" Denn Sali sah nicht minder als Vrenchen bleich und ab- gezehrt aus. Alles vergessend zog es ihn zu sich auf den Herd[3] und sagte: „Bist du krank gewesen, oder ist es dir auch so schlimm gegangen?" Sali antwortete: „Nein, ich bin gerade nicht krank, außer vor Heimweh nach dir!

---

[1] von mittelhochdeutsch maget = Jungfrau, später Magd (vgl. im Kir-
    chenlied: Marie die reine Magd)
[2] Ein Hafen ist ein irdener Topf (aus Ton, Keramik).
[3] Der Herd war nach dem Abkühlen der wärmste Platz im Haus.

Bei uns geht es jetzt hoch und herrlich zu; der Vater hat einen Einzug und Unterschleif[1] von auswärtigem Gesindel und ich glaube, soviel ich merke, ist er ein Diebsshehler[2] geworden. Deshalb ist jetzt einstweilen Hülle und
5 Fülle in unserer Taverne, solang es geht und bis es ein Ende mit Schrecken nimmt. Die Mutter hilft dazu, aus bitterlicher Gier, nur etwas im Hause zu sehen, und glaubt den Unfug noch durch eine gewisse Aufsicht und Ordnung annehmlich und nützlich zu machen! Mich
10 fragt man nicht, und ich konnte mich nicht viel darum kümmern; denn ich kann nur an dich denken Tag und Nacht. Da allerlei Landstreicher bei uns einkehren, so haben wir alle Tage gehört, was bei euch vorgeht, worüber mein Vater sich freut wie ein kleines Kind. Dass dein
15 Vater heute nach dem Spittel[3] gebracht wurde, haben wir auch vernommen; ich habe gedacht, du werdest jetzt allein sein, und bin gekommen, um dich zu sehen!" Vrenchen klagte ihm jetzt auch alles, was sie drückte und was sie erlitt, aber mit so leichter zutraulicher
20 Zunge, als ob sie ein großes Glück beschriebe, weil sie glücklich war, Sali neben sich zu sehen. Sie brachte inzwischen notdürftig ein Becken voll[4] warmen Kaffee zusammen, welchen mit ihr zu teilen sie den Geliebten zwang. „Also übermorgen musst du hier weg?", sagte
25 Sali, „was soll denn ums Himmels willen werden?" – „Das weiß ich nicht", sagte Vrenchen, „ich werde dienen müssen[5] und in die Welt hinaus! Ich werde es aber nicht aushalten ohne dich, und doch kann ich dich nie bekommen, auch wenn alles andere nicht wäre, bloß weil du
30 meinen Vater geschlagen und um den Verstand gebracht hast! Dies würde immer ein schlechter Grundstein unserer Ehe sein und wir beide nie sorglos werden, nie!" Sali

---

[1] Das „auswärtige Gesindel" geht bei ihm aus und ein und findet einen Unterschlupf bei ihm.
[2] Hehler ist derjenige, der gestohlene Ware versteckt hält, bis sie verkauft werden kann.
[3] Spital, hier: Irrenanstalt
[4] eine Schale, eine Tasse voll
[5] als Magd den Lebensunterhalt verdienen

seufzte und sagte: „Ich wollte auch schon hundertmal
Soldat werden oder mich in einer fremden Gegend als
Knecht verdingen, aber ich kann doch nicht fortgehen,
solange du hier bist, und hernach wird es mich aufreiben. Ich glaube, das Elend macht meine Liebe zu dir 5
stärker und schmerzhafter, sodass es um Leben und Tod
geht! Ich habe von dergleichen keine Ahnung gehabt!"
Vrenchen sah ihn liebevoll lächelnd an; sie lehnten sich
an die Wand zurück und sprachen nichts mehr, sondern
gaben sich schweigend der glückseligen Empfindung 10
hin, die sich über allen Gram erhob, dass sie sich im
größten Ernste gut wären und geliebt wüssten. Darüber
schliefen sie friedlich ein auf dem unbequemen Herde,
ohne Kissen und Pfühl[1], und schliefen so sanft und ruhig wie zwei Kinder in einer Wiege. Schon graute der 15
Morgen, als Sali zuerst erwachte; er weckte Vrenchen, so
sacht er konnte; aber es duckte sich immer wieder an
ihn, schlaftrunken, und wollte sich nicht ermuntern. Da
küsste er es heftig auf den Mund und Vrenchen fuhr empor, machte die Augen weit auf, und als es Sali erblickte, 20
rief es: „Herrgott! Ich habe eben noch von dir geträumt!
Es träumte mir, wir tanzten miteinander auf unserer
Hochzeit, lange, lange Stunden! Und waren so glücklich,
sauber geschmückt und es fehlte uns an nichts. Da wollten wir uns endlich küssen und dürsteten darnach, aber 25
immer zog uns etwas auseinander, und nun bist du es
selbst gewesen, der uns gestört und gehindert hat! Aber
wie gut, dass du gleich da bist!" Gierig fiel es ihm um
den Hals und küsste ihn, als ob es kein Ende nehmen
sollte. „Und was hast du denn geträumt?", fragte es und 30
streichelte ihm Wangen und Kinn. „Mir träumte, ich
ginge endlos auf einer langen Straße durch einen Wald
und du in der Ferne immer vor mir her; zuweilen sahest
du nach mir um, winktest mir und lachtest, und dann
war ich wie im Himmel. Das ist alles!" Sie traten unter 35
die offen gebliebene Küchentüre, die unmittelbar ins
Freie führte, und mussten lachen, als sie sich ins Gesicht

---

[1] Kissen, Polster

sahen. Denn die rechte Wange Vrenchens und die linke
Salis, welche im Schlafe aneinander gelehnt hatten, waren
von dem Drucke ganz rot gefärbt, während die Blässe
der anderen durch die kühle Nachtluft noch erhöht war.
Sie rieben sich zärtlich die kalte bleiche Seite ihrer Gesichter, um sie auch rot zu machen; die frische Morgenluft, der tauige stille Frieden, der über der Gegend lag,
das junge Morgenrot machten sie fröhlich und selbstver-
gessen und besonders in Vrenchen schien ein freundlicher Geist der Sorglosigkeit gefahren zu sein. „Morgen
Abend muss ich also aus diesem Hause fort", sagte es,
„und ein anderes Obdach suchen. Vorher aber möchte
ich einmal, nur einmal recht lustig sein, und zwar mit
dir; ich möchte recht herzlich und fleißig mit dir tanzen
irgendwo, denn das Tanzen aus dem Traume steckt mir
immerfort im Sinn!" – „Jedenfalls will ich dabei sein und
sehen, wo du unterkommst", sagte Sali, „und tanzen
wollte ich auch gerne mit dir, du herziges Kind! Aber
wo?" – „Es ist morgen Kirchweih an zwei Orten nicht
sehr weit von hier", erwiderte Vrenchen, „da kennt und
beachtet man uns weniger; draußen am Wasser will ich
auf dich warten und dann können wir gehen, wohin es
uns gefällt, um uns lustig zu machen, einmal, einmal
nur! Aber je, wir haben ja gar kein Geld!", setzte es traurig hinzu, „da kann nichts draus werden!" – „Lass nur",
sagte Sali, „ich will schon etwas mitbringen!" – „Doch
nicht von deinem Vater, von – von dem Gestohlenen?" –
„Nein, sei nur ruhig! Ich habe noch meine silberne Uhr
bewahrt bis dahin, die will ich verkaufen!" „Ich will dir
nicht abraten", sagte Vrenchen errötend, „denn ich glaube, ich müsste sterben, wenn ich nicht morgen mit dir
tanzen könnte." – „Es wäre das Beste, wir beide könnten
sterben!", sagte Sali; sie umarmten sich wehmütig und
schmerzlich zum Abschied und als sie voneinander ließen, lachten sie sich doch freundlich an in der sicheren
Hoffnung auf den nächsten Tag. „Aber wann willst du
denn kommen?", rief Vrenchen noch. „Spätestens elf
Uhr mittags", erwiderte er, „wir wollen recht ordentlich
zusammen Mittag essen!" „Gut, gut! Komm lieber um
halb elf schon!" Doch als Sali schon im Gehen war, rief

sie ihn noch einmal zurück und zeigte ein plötzlich ver-
ändertes verzweiflungsvolles Gesicht. „Es wird doch
nichts daraus", sagte sie bitterlich weinend, „ich habe
keine Sonntagsschuhe mehr! Schon gestern habe ich diese groben hier anziehen müssen, um nach der Stadt zu 5
kommen! Ich weiß keine Schuhe aufzubringen!" Sali
stand ratlos und verblüfft. „Keine Schuhe!", sagte er,
„da musst du halt in diesen kommen!" – „Nein, nein, in
denen kann ich nicht tanzen!" – „Nun, so müssen wir
welche kaufen?" – „Wo, mit was?" – „Ei, in Seldwyl, da 10
gibt es Schuhläden genug! Geld werde ich in minder als
zwei Stunden haben." – „Aber ich kann doch nicht mit
dir in Seldwyl herumgehen, und dann wird das Geld
nicht langen, auch noch Schuhe zu kaufen!" – „Es muss!
Und ich will die Schuhe kaufen und morgen mitbrin- 15
gen!" – „O du Närrchen, sie werden ja nicht passen, die
du kaufst!" – „So gib mir einen alten Schuh mit, oder
halt, noch besser, ich will dir das Maß nehmen, das wird
doch kein Hexenwerk sein!" – „Das Maß nehmen?
Wahrhaftig, daran hab ich nicht gedacht! Komm, komm, 20
ich will dir ein Schnürchen suchen!" Sie setzte sich wieder auf den Herd, zog den Rock etwas zurück und
streifte den Schuh vom Fuße, der noch von der gestrigen
Reise her mit einem weißen Strumpfe bekleidet war. Sali
kniete nieder und nahm, so gut er es verstand, das Maß, 25
indem er den zierlichen Fuß der Länge und Breite nach
umspannte mit dem Schnürchen und sorgfältig Knoten
in dasselbe knüpfte. „Du Schuhmacher!", sagte Vrenchen und lachte errötend und freundschaftlich zu ihm
nieder. Sali wurde aber auch rot und hielt den Fuß fest 30
in seinen Händen, länger als nötig war, sodass Vrenchen
ihn, noch tiefer errötend, zurückzog, den verwirrten Sali
aber noch einmal stürmisch umhalste und küsste, dann
aber fortschickte.
Sobald er in der Stadt war, trug er seine Uhr zu einem 35
Uhrmacher, der ihm sechs oder sieben Gulden[1] dafür
gab; für die silberne Kette bekam er auch einige Gulden

---

[1] eine bis zum 31.12.1874 in Süddeutschland (und anderen Ländern)
gültige Währung, ein Gulden zu 60 Kreuzern

und er dünkte sich nun reich genug, denn er hatte, seit er groß war, nie so viel Geld besessen auf einmal. Wenn nur erst der Tag vorüber und der Sonntag angebrochen wäre, um das Glück damit zu erkaufen, das er sich von
5 dem Tage versprach, dachte er; denn wenn das Übermorgen auch umso dunkler und unbekannter hereinragte, so gewann die ersehnte Lustbarkeit von morgen nur einen seltsamern erhöhten Glanz und Schein. Indessen brachte er die Zeit noch leidlich hin, indem er ein
10 Paar Schuhe für Vrenchen suchte, und dies war ihm das vergnügteste Geschäft, das er je betrieben. Er ging von einem Schuhmacher zum andern, ließ sich alle Weiberschuhe zeigen, die vorhanden waren, und endlich handelte er ein leichtes und feines Paar ein, so hübsch, wie
15 sie Vrenchen noch nie getragen. Er verbarg die Schuhe unter seiner Weste und tat sie die übrige Zeit des Tages nicht mehr von sich; er nahm sie sogar mit ins Bett und legte sie unter das Kopfkissen. Da er das Mädchen heute früh noch gesehen und morgen wieder sehen sollte, so
20 schlief er fest und ruhig, war aber in aller Frühe munter und begann seinen dürftigen Sonntagsstaat[1] zurechtzumachen und auszuputzen, so gut es gelingen wollte. Es fiel seiner Mutter auf und sie fragte verwundert, was er vorhabe, da er sich schon lange nicht mehr so sorglich
25 angezogen. Er wolle einmal über Land gehen und sich ein wenig umtun, erwiderte er, er werde sonst krank in diesem Hause. „Das ist mir die Zeit her ein merkwürdiges Leben", murrte der Vater, „und ein Herumschleichen!" – „Lass ihn nur gehen", sagte aber die Mutter, „es
30 tut ihm vielleicht gut, es ist ja ein Elend, wie er aussieht!" – „Hast du Geld zum Spazierengehen? Woher hast du es?", sagte der Alte. „Ich brauche keines!", sagte Sali. „Da hast du einen Gulden!", versetzte der Alte und warf ihm denselben hin, „du kannst im Dorf ins Wirts-
35 haus gehen und ihn dort verzehren, damit sie nicht glauben, wir seien hier so übel dran." – „Ich will nicht ins Dorf und brauche den Gulden nicht, behaltet ihn

---

[1] sonntäglicher Anzug

nur!" – „So hast du ihn gehabt, es wäre schad, wenn du ihn haben müsstest, du Starrkopf!", rief Manz und schob seinen Gulden wieder in die Tasche. Seine Frau aber, welche nicht wusste, warum sie heute ihres Sohnes wegen so wehmütig und gerührt war, brachte ihm ein großes schwarzes Mailänder Halstuch[1] mit rotem Rande, das sie nur selten getragen und er schon früher gern gehabt hätte. Er schlang es um den Hals und ließ die langen Zipfel fliegen; auch stellte er zum ersten Mal den Hemdkragen, den er sonst immer umgeschlagen, ehrbar und männlich in die Höhe, bis über die Ohren hinauf, in einer Anwandlung ländlichen Stolzes, und machte sich dann, seine Schuhe in der Brusttasche des Rockes, schon nach sieben Uhr auf den Weg. Als er die Stube verließ, drängte ihn ein seltsames Gefühl, Vater und Mutter die Hand zu geben, und auf der Straße sah er sich noch einmal nach dem Hause um. „Ich glaube am Ende", sagte Manz, „der Bursche streicht irgendeinem Weibsbild nach; das hätten wir gerade noch nötig!" Die Frau sagte: „O wollte Gott! Dass er vielleicht ein Glück machte! Das täte dem armen Buben gut!" – „Richtig!", sagte der Mann, „das fehlt nicht! Das wird ein himmlisches Glück geben, wenn er nur erst an eine solche Maultasche[2] zu geraten das Unglück hat! Das täte dem armen Bübchen gut! Natürlich!"

Sali richtete seinen Schritt erst nach dem Flusse zu, wo er Vrenchen erwarten wollte; aber unterwegs ward er andern Sinnes und ging gradezu ins Dorf, um Vrenchen im Hause selbst abzuholen, weil es ihm zu lang währte bis halb elf. „Was kümmern uns die Leute!", dachte er. „Niemand hilft uns, und ich bin ehrlich[3] und fürchte niemand!" So trat er unerwartet in Vrenchens Stube, und ebenso unerwartet fand er es schon vollkommen angekleidet und geschmückt dasitzen und der Zeit harren, wo es gehen könne, nur die Schuhe fehlten ihm noch.

---

[1] Halstuch mit besonderem Muster, wie es damals nur in Mailand hergestellt wurde
[2] geschwätzige Frau
[3] ich bin unbescholten, habe nichts Unrechtes getan

Aber Sali stand mit offenem Munde still in der Mitte der
Stube, als er das Mädchen erblickte, so schön sah es aus.
Es hatte nur ein einfaches Kleid an von blau gefärbter
Leinwand, aber dasselbe war frisch und sauber und saß
5 ihm sehr gut um den schlanken Leib. Darüber trug es
ein schneeweißes Musselinhalstuch[1] und dies war der
ganze Anzug. Das braune gekräuselte Haar war sehr
wohl geordnet und die sonst so wilden Löckchen lagen
nun fein und lieblich um den Kopf. Da Vrenchen seit
10 vielen Wochen fast nicht aus dem Hause gekommen, so
war seine Farbe zarter und durchsichtiger geworden, so
wie auch vom Kummer; aber in diese Durchsichtigkeit
goss jetzt die Liebe und die Freude ein Rot um das andere, und an der Brust trug es einen schönen Blumen-
15 strauß von Rosmarin, Rosen und prächtigen Astern. Es
saß am offenen Fenster und atmete still und hold die
frisch durchsonnte Morgenluft; wie es aber Sali erscheinen sah, streckte es ihm beide hübsche Arme entgegen,
welche vom Ellbogen an bloß waren, und rief. „Wie
20 Recht hast du, dass du schon jetzt und hierher kommst!
Aber hast du mir Schuhe gebracht? Gewiss? Nun steh
ich nicht auf, bis ich sie anhabe!" Er zog die ersehnten
aus der Tasche und gab sie dem begierigen schönen
Mädchen; es schleuderte die alten von sich, schlüpfte in
25 die neuen und sie passten sehr gut. Erst jetzt erhob es
sich vom Stuhl, wiegte sich in den neuen Schuhen und
ging eifrig einige Mal auf und nieder. Es zog das lange
blaue Kleid etwas zurück und beschaute wohlgefällig
die roten wollenen Schleifen, welche die Schuhe zierten,
30 während Sali unaufhörlich die feine reizende Gestalt betrachtete, welche da in lieblicher Aufregung vor ihm sich
regte und freute. „Du beschaust meinen Strauß?", sagte
Vrenchen, „hab ich nicht einen schönen zusammenge-
bracht? Du musst wissen, dies sind die letzten Blumen,
35 die ich noch aufgefunden in dieser Wüstenei. Hier war
noch ein Röschen, dort eine Aster, und wie sie nun gebunden sind, würde man es ihnen nicht ansehen, dass sie

---

[1] Musselin ist ein besonders fein gewebter Stoff, ursprünglich in der
türkischen Stadt Mossul hergestellt.

aus einem Untergang[1] zusammengesucht sind! Nun ist es aber Zeit, dass ich fortkomme, nicht ein Blümchen mehr im Garten und das Haus auch leer!" Sali sah sich um und bemerkte erst jetzt, dass alle Fahrhabe[2], die noch da gewesen, weggebracht war. „Du armes Vreeli!", sagte er, „haben sie dir schon alles genommen?" – „Gestern", erwiderte es, „haben sie's weggeholt, was sich von der Stelle bewegen ließ, und mir kaum mehr mein Bett gelassen. Ich hab's aber auch gleich verkauft und hab jetzt auch Geld, sieh!" Es holte einige neu glänzende Talerstücke[3] aus der Tasche seines Kleides und zeigte sie ihm. „Damit", fuhr es fort, „sagte der Waisenvogt[4], der auch hier war, solle ich mir einen Dienst suchen in einer Stadt, und ich solle mich heute gleich auf den Weg machen!" – „Da ist aber auch gar nichts mehr vorhanden", sagte Sali, nachdem er in die Küche geguckt hatte, „ich sehe kein Hölzchen, kein Pfännchen, kein Messer! Hast du denn auch nicht zu Morgen gegessen?" „Nichts!", sagte Vrenchen, „ich hätte mir etwas holen können, aber ich dachte, ich wolle lieber hungrig bleiben, damit ich recht viel essen könne mit dir zusammen, denn ich freue mich so sehr darauf, du glaubst nicht, wie ich mich freue!" – „Wenn ich dich nur anrühren dürfte", sagte Sali, „so wollte ich dir zeigen, wie es mir ist, du schönes, schönes Ding!" – „Du hast Recht, du würdest meinen ganzen Staat verderben, und wenn wir die Blumen ein bisschen schonen, so kommt es zugleich meinem armen Kopf[5] zugut, den du mir übel zuzurichten pflegst!" – „So komm, jetzt wollen wir ausrücken!" – „Noch müssen wir warten, bis das Bett abgeholt wird; denn nachher schließe ich das leere Haus zu und gehe nicht mehr hierher zurück! Mein Bündelchen gebe ich der Frau aufzuheben, die das Bett gekauft hat." Sie setzten sich daher

---

[1] aus einem verkommenen, verwilderten Garten
[2] alles bewegliche Gut, z.B. aller Hausrat
[3] Der Taler (= drei Mark) war damals neben dem Gulden gängige Währungseinheit.
[4] Vorsteher des Waisenhauses
[5] gemeint ist ihre Frisur

einander gegenüber und warteten; die Bäuerin kam
bald, eine vierschrötige[1] Frau mit lautem Mundwerk,
und hatte einen Burschen bei sich, welcher die Bettstelle
tragen sollte. Als diese Frau Vrenchens Liebhaber erblickte und das geputzte Mädchen selbst, sperrte sie
Maul und Augen auf, stemmte die Arme unter und
schrie: „Ei sieh da, Vreeli! Du treibst es ja schon gut!
Hast einen Besucher und bist gerüstet wie eine Prin-
zess?" „Gelt aber!", sagte Vrenchen freundlich lachend,
„wisst Ihr auch, wer das ist?" – „Ei, ich denke, das ist
wohl der Sali Manz? Berg und Tal kommen nicht zusammen, sagt man, aber die Leute! Aber nimm dich doch in
Acht, Kind, und denk, wie es euren Eltern ergangen ist!"
– „Ei, das hat sich jetzt gewendet und alles ist gut geworden", erwiderte Vrenchen lächelnd und freundlich
mitteilsam, ja beinahe herablassend, „seht, Sali ist mein
Hochzeiter!" – „Dein Hochzeiter! Was du sagst!" – „Ja,
und er ist ein reicher Herr, er hat hunderttausend Gulden in der Lotterie gewonnen! Denket einmal, Frau!"
Diese tat einen Sprung, schlug ganz erschrocken die
Hände zusammen und schrie: „Hund – hunderttausend
Gulden!" – „Hunderttausend Gulden!", versicherte
Vrenchen ernsthaft. – „Herr du meines Lebens! Es ist
aber nicht wahr, du lügst mich an, Kind!" – „Nun,
glaubt, was Ihr wollt!" – „Aber wenn es wahr ist und du
heiratest ihn, was wollt ihr denn machen mit dem Gel-
de? Willst du wirklich eine vornehme Frau werden?" –
„Versteht sich, in drei Wochen halten wir die Hochzeit!"
– „Geh mir weg, du bist eine hässliche Lügnerin!" – „Das
schönste Haus hat er schon gekauft in Seldwyl mit einem großen Garten und Weinberg; Ihr müsst mich auch
besuchen, wenn wir eingerichtet sind, ich zähle darauf!"
„Allweg[2], du Teufelshexlein, was du bist!" – „Ihr werdet
sehen, wie schön es da ist! Einen herrlichen Kaffee werde ich machen und Euch mit feinem Eierbrot[3] aufwar-
ten, mit Butter und Honig!" – „O du Schelmenkind!

---

[1] grob, ungelenk, breit gebaut
[2] hier: alle Wege, d.h. jedesmal, wenn ich in die Stadt komme
[3] feines Brot

Zähl drauf, dass ich komme!", rief die Frau mit lüsternem
Gesicht und der Mund wässerte ihr. „Kommt Ihr aber
um die Mittagszeit und seid ermüdet vom Markt, so soll
Euch eine kräftige Fleischbrühe und ein Glas Wein immer parat stehen!" – „Das wird mir bass tun[1]!" – „Und 5
an etwas Zuckerwerk oder weißen Wecken[2] für die lieben Kinder zu Hause soll es Euch auch nicht fehlen!"
„Es wird mir ganz schmachtend!"[3] – „Ein artiges Halstüchelchen oder ein Restchen Seidenzeug oder ein hübsches altes Band für Eure Röcke oder ein Stück Zeug zu 10
einer neuen Schürze wird gewiss auch zu finden sein,
wenn wir meine Kisten und Kasten durchmustern in einer vertrauten Stunde!" Die Frau drehte sich auf den
Hacken herum und schüttelte jauchzend ihre Röcke.
„Und wenn Euer Mann ein vorteilhaftes Geschäft ma- 15
chen könnte mit einem Land- oder Viehhandel und er
mangelt des Geldes, so wisst Ihr, wo Ihr anklopfen sollt.
Mein lieber Sali wird froh sein, jederzeit ein Stück Bares
sicher und erfreulich anzulegen! Ich selbst werde auch
etwa einen Sparpfennig haben, einer vertrauten Freun- 20
din beizustehen!" Jetzt war der Frau nicht mehr zu helfen, sie sagte gerührt: „Ich habe immer gesagt, du seist
ein braves und gutes und schönes Kind! Der Herr wolle
es dir wohlergehen lassen immer und ewiglich und es
dir gesegnen, was du an mir tust!" – „Dagegen verlange 25
ich aber auch, dass Ihr es gut mit mir meint!" – „Allweg
kannst du das verlangen!" – „Und dass Ihr jederzeit Eure Waren, sei es Obst, seien es Kartoffeln, sei es Gemüse,
erst zu mir bringet und mir anbietet, ehe Ihr auf den
Markt gehet, damit ich sicher sei, eine rechte Bäuerin an 30
der Hand zu haben, auf die ich mich verlassen kann!
Was irgendeiner gibt für die Ware, werde ich gewiss auch
geben mit tausend Freuden, Ihr kennt mich ja! Ach, es ist
nichts Schöneres, als wenn eine wohlhabende Stadtfrau,
die so ratlos in ihren Mauern sitzt und doch so vieler

---

[1] gut tun
[2] feine Brötchen (Weizenbrötchen)
[3] so viel wie: mir läuft das Wasser im Mund zusammen

Dinge benötigt ist, und eine rechtschaffene ehrliche
Landfrau, erfahren in allem Wichtigen und Nützlichen,
eine gute und dauerhafte Freundschaft zusammen haben! Es kommt einem zugut in hundert Fällen, in Freud
und Leid, bei Gevatterschaften[1] und Hochzeiten, wenn
die Kinder unterrichtet werden und konfirmiert, wenn
sie in die Lehre kommen und wenn sie in die Fremde
sollen! Bei Misswachs und Überschwemmungen, bei
Feuersbrünsten und Hagelschlag, wofür uns Gott behüte!" – „Wofür uns Gott behüte!", sagte die gute Frau
schluchzend und trocknete mit ihrer Schürze die Augen;
„welch ein verständiges und tiefsinniges Bräutlein bist
du, ja, dir wird es gut gehen, da müsste keine Gerechtig-
keit in der Welt sein! Schön, sauber, klug und weise bist
du, arbeitsam und geschickt zu allen Dingen! Keine ist
feiner und besser als du, in und außer dem Dorfe, und
wer dich hat, der muss meinen, er sei im Himmelreich,
oder er ist ein Schelm und hat es mit mir zu tun. Hör,
Sali! Dass du nur recht artlich bist mit meinem Vreeli,
oder ich will dir den Meister zeigen, du Glückskind, das
du bist, ein solches Röslein zu brechen!"[2] – „So nehmt
jetzt auch hier noch mein Bündel mit, wie Ihr mir versprochen habt, bis ich es abholen lassen werde! Vielleicht komme ich aber selbst in der Kutsche und hole es
ab, wenn Ihr nichts dagegen habt! Ein Töpfchen Milch
werdet Ihr mir nicht abschlagen alsdann, und etwa eine
schöne Mandeltorte dazu werde ich schon selbst mitbringen!" – „Tausendskind! Gib her den Bündel[3]!" Vrenchen lud ihr auf das zusammengebundene Bett, das sie
schon auf dem Kopfe trug, einen langen Sack, in welchen es sein Plunder und Habseliges gestopft[4], sodass
die arme Frau mit einem schwankenden Turme auf dem
Haupte dastand. „Es wird mir doch fast zu schwer auf

---

[1] Der Gevatter ist der Taufpate.
[2] Umschreibung für deflorieren, entjungfern (vgl. das Volkslied vom
„Heideröslein")
[3] heute: das Bündel
[4] Plunder und Habseligkeiten sind wertloses Zeug (arme Leute sind
selig, dass sie sie *haben*)

einmal", sagte sie, „könnte ich nicht zweimal dran machen?"[1] „Nein nein! Wir müssen jetzt augenblicklich gehen, denn wir haben einen weiten Weg, um vornehme Verwandte zu besuchen, die sich jetzt gezeigt haben, seit wir reich sind! Ihr wisst ja, wie es geht!" – „Weiß wohl! So 5 behüt dich Gott und denk an mich in deiner Herrlichkeit!" Die Bäuerin zog ab mit ihrem Bündelturme, mit Mühe das Gleichgewicht behauptend, und hinter ihr drein ging ihr Knechtchen, das sich in Vrenchens einst bunt bemalte Bettstatt hineinstellte, den Kopf gegen den mit 10 verblichenen Sternen bedeckten Himmel[2] derselben stemmte und, ein zweiter Simson[3], die zwei vorderen zierlich geschnitzten Säulen fasste, welche diesen Himmel trugen. Als Vrenchen, an Sali gelehnt, dem Zug nachschaute und den wandelnden Tempel zwischen 15 den Gärten sah, sagte es: „Das gäbe noch ein artiges Gartenhäuschen oder eine Laube, wenn man's in einen Garten pflanzte, ein Tischchen und ein Bänklein dreinstellte und Winden drum herumsäete! Wolltest du mit darin sitzen, Sali?" „Ja, Vreeli! Besonders wenn die Win- 20 den aufgewachsen wären!" „Was stehen wir noch?", sagte Vrenchen, „nichts hält uns mehr zurück!" „So komm und schließ das Haus zu! Wem willst du denn den Schlüssel übergeben?" Vrenchen sah sich um. „Hier an die Helbart wollen wir ihn hängen; sie ist über hun- 25 dert Jahr in diesem Hause gewesen, habe ich den Vater oft sagen hören, nun steht sie da als der letzte Wächter!" Sie hingen den rostigen Hausschlüssel an einen rostigen Schnörkel der alten Waffe, an welcher die Bohnen rankten, und gingen davon. Vrenchen wurde aber bleicher 30 und verhüllte ein Weilchen die Augen, dass Sali es führen musste, bis sie ein Dutzend Schritte entfernt waren. Es sah aber nicht zurück. „Wo gehen wir nun zuerst hin?", fragte es. „Wir wollen ordentlich über Land gehen", erwiderte Sali, „wo es uns freut den ganzen Tag, 35

---

[1] Könnte ich das nicht auf zwei Mal fortschaffen?
[2] der Betthimmel von Vrenchens Bett
[3] im Alten Testament eine mit übermenschlichen Kräften ausgestattete Figur (Richter, Kap. 13–16)

uns nicht übereilen und gegen Abend werden wir dann schon einen Tanzplatz finden!" – „Gut!", sagte Vrenchen, „den ganzen Tag werden wir beisammen sein und gehen, wo wir Lust haben. Jetzt ist mir aber elend, wir
5 wollen gleich im andern Dorf einen Kaffee trinken!" – „Versteht sich!", sagte Sali, „mach nur, dass wir aus diesem Dorf wegkommen!"
Bald waren sie auch im freien Felde und gingen still nebeneinander durch die Fluren; es war ein schöner Sonn-
10 tagmorgen im September, keine Wolke stand am Himmel, die Höhen und die Wälder waren mit einem zarten Duftgewebe bekleidet, welches die Gegend geheimnisvoller und feierlicher machte, und von allen Seiten tönten die Kirchenglocken herüber, hier das harmonische
15 tiefe Geläute einer reichen Ortschaft[1], dort die geschwätzigen zwei Bimmelglöcklein eines kleinen armen Dörfchens. Das liebende Paar vergaß, was am Ende dieses Tages werden sollte, und es gab sich einzig der hoch aufatmenden wortlosen Freude hin, sauber gekleidet
20 und frei, wie zwei Glückliche, die sich von Rechts wegen angehörten[2], in den Sonntag hineinzuwandeln. Jeder in der Sonntagsstille verhallende Ton oder ferne Ruf klang ihnen erschütternd durch die Seele; denn die Liebe ist eine Glocke, welche das Entlegenste und Gleichgültigste
25 widertönen lässt und in eine besondere Musik verwandelt. Obgleich sie hungrig waren, dünkte sie die halbe Stunde Weges bis zum nächsten Dorf nur ein Katzensprung lang zu sein, und sie betraten zögernd das Wirtshaus am Eingang des Ortes. Sali bestellte ein gutes Früh-
30 stück, und während es bereitet wurde, sahen sie mäuschenstill der sicheren und freundlichen Wirtschaft in der großen reinlichen Gaststube zu[3]. Der Wirt war zu-

---

[1] Einen tiefen Ton (Geläut) haben nur große Glocken, die teuer sind. Nur reiche Ortschaften bzw. Kirchengemeinden konnten sich solche großen Glocken leisten.

[2] die ordentlich (nach bürgerlichen Normen) miteinander verlobt waren

[3] sahen sie zu, wie die Wirtin sicher, d.h., in altgewohnter Weise, und mit freundlichem Wesen die Gäste bediente

gleich ein Bäcker, das eben Gebackene durchduftete angenehm das ganze Haus, und Brot aller Art wurde in gehäuften Körben herbeigetragen, da nach der Kirche die Leute hier ihr Weißbrot holten oder ihren Frühschoppen tranken. Die Wirtin, eine artige[1] und saubere Frau, putzte gelassen und freundlich ihre Kinder heraus, und sowie eines entlassen war, kam es zutraulich zu Vrenchen gelaufen, zeigte ihm seine Herrlichkeiten und erzählte von allem, dessen es sich erfreute und rühmte. Wie nun der wohlduftende starke Kaffee kam, setzten sich die zwei Leutchen schüchtern an den Tisch, als ob sie da zu Gast gebeten wären. Sie ermunterten sich jedoch bald und flüsterten bescheiden, aber glückselig miteinander; ach, wie schmeckte dem aufblühenden Vrenchen der gute Kaffee, der fette Rahm, die frischen, noch warmen Brötchen, die schöne Butter und der Honig, der Eierkuchen und was alles noch für Leckerbissen da waren! Sie schmeckten ihm, weil es den Sali dazu ansah, und es aß so vergnügt, als ob es ein Jahr lang gefastet hätte. Dazu freute es sich über das feine Geschirr, über die silbernen Kaffeelöffelchen; denn die Wirtin schien sie für rechtliche junge Leutchen[2] zu halten, die man anständig bedienen müsse, und setzte sich auch ab und zu plaudernd zu ihnen und die beiden gaben ihr verständigen Bescheid[3], welches ihr gefiel. Es ward dem guten Vrenchen so wählig[4] zumut, dass es nicht wusste, mochte es lieber wieder ins Freie, um allein mit seinem Schatz herumzuschweifen, durch Auen und Wälder, oder mochte es lieber in der gastlichen Stube bleiben, um wenigstens auf Stunden sich an einem stattlichen Orte zu Hause zu träumen. Doch Sali erleichterte die Wahl, indem er ehrbar und geschäftig zum Aufbruch mahnte, als ob sie einen bestimmten und wichtigen Weg zu machen hätten. Die Wirtin und der Wirt begleiteten sie bis vor das Haus und entließen sie auf das Wohlwollendste wegen ihres guten Benehmens, trotz der

---

[1] hier: hübsch
[2] Die Wirtin sah die beiden als rechtmäßiges Paar an.
[3] Sie antworteten mit Sinn und Verstand.
[4] munter, gut gelaunt

durchscheinenden Dürftigkeit, und das arme junge Blut
verabschiedete sich mit den besten Manieren von der
Welt und wandelte sittig und ehrbar von hinnen. Aber
auch als sie schon wieder im Freien waren und einen
5 stundenlangen Eichwald betraten, gingen sie noch in
dieser Weise nebeneinander her, in angenehme Träume
vertieft, als ob sie nicht aus zank- und elenderfüllten
Häusern herkämen, sondern guter Leute Kind[1] wären,
welche in lieblicher Hoffnung wandelten. Vrenchen
10 senkte das Köpfchen tiefsinnig gegen seine blumenge-
schmückte Brust und ging, die Hände sorglich an das
Gewand gelegt, einher auf dem glatten feuchten Wald-
boden; Sali dagegen schritt schlank aufgerichtet, rasch
und nachdenklich, die Augen auf die festen Eichenstäm-
15 me geheftet, wie ein Bauer, der überlegt, welche Bäume
er am vorteilhaftesten fällen soll. Endlich erwachten sie
aus diesen vergeblichen Träumen, sahen sich an und ent-
deckten, dass sie immer noch in der Haltung gingen, in
welcher sie das Gasthaus verlassen, erröteten und ließen
20 traurig die Köpfe hängen. Aber Jugend hat keine Tu-
gend[2]; der Wald war grün, der Himmel blau und sie allein in der weiten Welt, und sie überließen sich alsbald
wieder diesem Gefühle. Doch blieben sie nicht lange
mehr allein, da die schöne Waldstraße sich belebte mit
25 lustwandelnden Gruppen von jungen Leuten sowie mit
einzelnen Paaren, welche schäkernd und singend die
Zeit nach der Kirche verbrachten. Denn die Landleute
haben so gut ihre ausgesuchten Promenaden[3] und Lust-
wälder wie die Städter, nur mit dem Unterschied, dass
30 dieselben keine Unterhaltung kosten und noch schöner
sind; sie spazieren nicht nur mit einem besondern Sinn
des Sonntags durch ihre blühenden und reifenden Felder, sondern sie machen sehr gewählte Gänge durch Ge-

---

[1] Kinder aus einer gutbürgerlichen Familie
[2] Ein Sprichwort, das im Gerichtswesen den Richter daran erinnern
    soll, dass junge Leute ein Vergehen eher aus Unbesonnenheit bege-
    hen als mit Vorsatz.
[3] gut ausgebaute, breite Spazierwege

hölze und an grünen Halden entlang, setzen sich hier
auf eine anmutige fernsichtige Höhe, dort an einen
Waldrand, lassen ihre Lieder ertönen und die schöne
Wildnis ganz behaglich auf sich einwirken; und da sie
dies offenbar nicht zu ihrer Pönitenz[1] tun, sondern zu ih- 5
rem Vergnügen, so ist wohl anzunehmen, dass sie Sinn
für die Natur haben, auch abgesehen von ihrer Nützlich-
keit. Immer brechen sie was Grünes ab, junge Bursche
wie alte Mütterchen, welche die alten Wege ihrer Jugend
aufsuchen, und selbst steife Landmänner in den besten 10
Geschäftsjahren, wenn sie über Land gehen, schneiden
sich gern eine schlanke Gerte, sobald sie durch einen
Wald gehen, und schälen die Blätter ab, von denen sie
nur oben ein grünes Büschel stehen lassen. Solche Rute
tragen sie wie ein Zepter[2] vor sich hin; wenn sie in eine 15
Amtsstube oder Kanzlei treten, so stellen sie die Gerte
ehrerbietig in einen Winkel, vergessen aber auch nach
den ernstesten Verhandlungen nie, dieselbe säuberlich
wieder mitzunehmen und unversehrt nach Hause zu tragen, wo es erst dem kleinsten Söhnchen gestattet ist, sie 20
zugrunde zu richten. – Als Sali und Vrenchen die vielen
Spaziergänger sahen, lachten sie ins Fäustchen und freu-
ten sich, auch gepaart zu sein, schlüpften aber seitwärts
auf engere Waldpfade, wo sie sich in tiefen Einsamkeiten
verloren. Sie hielten sich auf, wo es sie freute, eilten vor- 25
wärts und ruhten wieder, und wie keine Wolke am reinen Himmel stand, trübte auch keine Sorge in diesen
Stunden ihr Gemüt; sie vergaßen, woher sie kamen und
wohin sie gingen, und benahmen sich so fein und ordentlich dabei, dass trotz aller frohen Erregung und Be- 30
wegung Vrenchens niedlicher einfacher Aufputz so
frisch und unversehrt blieb, wie er am Morgen gewesen
war. Sali betrug sich auf diesem Wege nicht wie ein beinahe zwanzigjähriger Landbursche oder der Sohn eines
verkommenen Schenkwirtes, sondern wie wenn er eini- 35
ge Jahre jünger und sehr wohl erzogen wäre, und es war

---

[1] Strafe, Buße
[2] gehört zu den Insignien eines Königs (Krone und Zepter)

beinahe komisch, wie er nur immer sein feines lustiges
Vrenchen ansah, voll Zärtlichkeit, Sorgfalt und Achtung.
Denn die armen Leutchen mussten an diesem einen Tage,
der ihnen vergönnt war, alle Manieren[1] und Stimmungen der Liebe durchleben und sowohl die verlorenen Tage der zarteren Zeit[2] nachholen als das leidenschaftliche
Ende vorausnehmen mit der Hingabe ihres Lebens.
So liefen sie sich wieder hungrig und waren erfreut, von
der Höhe eines schattenreichen Berges ein glänzendes
Dorf vor sich zu sehen, wo sie Mittag halten wollten. Sie
stiegen rasch hinunter, betraten dann aber ebenso sitt-
sam diesen Ort, wie sie den vorigen verlassen. Es war
niemand um den Weg, der sie erkannt hätte; denn besonders Vrenchen war die letzten Jahre hindurch gar
nicht unter die Leute und noch weniger in andere Dörfer gekommen. Deshalb stellten sie ein wohlgefälliges
ehrsames Pärchen vor, das irgendeinen angelegentlichen
Gang[3] tut. Sie gingen ins erste Wirtshaus des Dorfes, wo
Sali ein erkleckliches[4] Mahl bestellte; ein eigener Tisch
wurde ihnen sonntäglich gedeckt, und sie saßen wieder
still und bescheiden daran und beguckten die schön ge-
täfelten Wände von gebohntem[5] Nussbaumholz, das
ländliche, aber glänzende und wohlbestellte Büffet von
gleichem Holze und die klaren weißen Fenstervorhänge.
Die Wirtin trat zutulich herzu und setzte ein Geschirr
voll frischer Blumen auf den Tisch. „Bis die Suppe
kommt", sagte sie, „könnt ihr, wenn es euch gefällig ist,
einstweilen die Augen sättigen an dem Strauße. Allem
Anschein nach, wenn es erlaubt ist zu fragen, seid ihr
ein junges Brautpaar, das gewiss nach der Stadt geht, um
sich morgen kopulieren[6] zu lassen?" Vrenchen wurde

---

1 Eine Manier ist ursprünglich die Art und Weise, eine Tätigkeit aus-
  zuüben. Hier könnte die Art und Weise gemeint sein, mit der man
  ausdrückt, dass man jemanden liebt.
2 Zeit der ersten Annäherung
3 einen Gang mit einem bestimmten Ziel
4 umfangreich, üppig
5 gebohnert (gewachst und poliert)
6 sich (durch den Pfarrer) trauen lassen

rot und wagte nicht aufzusehen, Sali sagte auch nichts und die Wirtin fuhr fort: „Nun, ihr seid freilich beide noch wohl jung, aber jung geheiratet lebt lang, sagt man zuweilen, und ihr seht wenigstens hübsch und brav aus und braucht euch nicht zu verbergen. Ordentliche Leute 5 können etwas zuwege bringen, wenn sie so jung zusammenkommen und fleißig und treu sind. Aber das muss man freilich sein, denn die Zeit ist kurz und doch lang und es kommen viele Tage, viele Tage! Je nun, schön genug sind sie und amüsant dazu, wenn man gut Haus 10 hält damit! Nichts für ungut, aber es freut mich, euch anzusehen, so ein schmuckes Pärchen seid ihr!" Die Kellnerin brachte die Suppe, und da sie einen Teil dieser Worte noch gehört und lieber selbst geheiratet hätte, so sah sie Vrenchen mit scheelen Augen[1] an, welches nach 15 ihrer Meinung so gedeihliche Wege ging. In der Nebenstube ließ die unliebliche[2] Person ihren Unmut frei und sagte zur Wirtin, welche dort zu schaffen hatte, so laut, dass man es hören konnte: „Das ist wieder ein rechtes Hudelvölkchen[3], das, wie es geht und steht, nach der 20 Stadt läuft und sich kopulieren lässt, ohne einen Pfennig, ohne Freunde, ohne Aussteuer und ohne Aussicht als auf Armut und Bettelei! Wo soll das noch hinaus, wenn solche Dinger heiraten, die die Jüppe[4] noch nicht allein anziehen und keine Suppe kochen können? Ach, 25 der hübsche junge Mensch kann mich nur dauern, der ist schön petschiert[5] mit seiner jungen Gungeline[6]!" – „Bscht! Willst du wohl schweigen, du hässiges[7] Ding!", sagte die Wirtin, „denen lasse ich nichts geschehen! Das sind gewiss zwei recht ordentliche Leutlein aus den Ber- 30

---

[1] missgünstig, neidisch
[2] unliebenswürdig
[3] landschaftl. „hudeln", so viel wie übereilt, oberflächlich zu Werk gehen
[4] von französisch jupe = Frauenrock
[5] in eine schwierige Situation gebracht (vgl. „Patsche")
[6] liederliche Frau
[7] gehässig

gen, wo die Fabriken sind; dürftig sind sie gekleidet,
aber sauber, und wenn sie sich nur gern haben und arbeitsam sind, so werden sie weiter kommen als du mit
deinem bösen Maul! Du kannst freilich noch lang warten, bis dich einer abholt, wenn du nicht freundlicher
bist, du Essighafen[1]!"
So genoss Vrenchen alle Wonnen einer Braut, die zur
Hochzeit reiset: die wohlwollende Ansprache und Auf-
munterung einer sehr vernünftigen Frau, den Neid einer
heiratslustigen bösen Person, welche aus Ärger den Geliebten lobte und bedauerte, und ein leckeres Mittagsmahl an der Seite eben eines Geliebten. Es glühte im Gesicht wie eine rote Nelke, das Herz klopfte ihm, aber es
aß und trank nichtsdestominder mit gutem Appetit und
war mit der aufwartenden Kellnerin nur umso artiger,
konnte aber nicht unterlassen, dabei den Sali zärtlich anzusehen und mit ihm zu lispeln[2], sodass es diesem auch
ganz kraus[3] im Gemüt wurde. Sie saßen indessen lang
und gemächlich am Tische, wie wenn sie zögerten und
sich scheuten, aus der holden Täuschung herauszugehen.
Die Wirtin brachte zum Nachtisch süßes Backwerk und
Sali bestellte feinern und stärkern Wein dazu, welcher
Vrenchen feurig durch die Adern rollte, als es ein wenig
davon trank; aber es nahm sich in Acht, nippte bloß zuweilen und saß so züchtig und verschämt da wie eine
wirkliche Braut. Halb spielte es aus Schalkheit diese Rolle und aus Lust zu versuchen, wie es tue, halb war es
ihm in der Tat so zumut und vor Bangigkeit und heißer
Liebe wollte ihm das Herz brechen, sodass es ihm zu eng
ward innerhalb der vier Wände und es zu gehen begehrte. Es war, als ob sie sich scheuten, auf dem Wege wieder
so abseits und allein zu sein; denn sie gingen unverabre-
det auf der Hauptstraße weiter, mitten durch die Leute,
und sahen weder rechts noch links. Als sie aber aus dem
Dorfe waren und auf das nächstgelegene zugingen, wo

---

[1] Essigtopf, bildlicher Ausdruck für die immer unzufriedene, mürri-
sche Kellnerin
[2] hier: flüstern
[3] wirr, verwirrt, auch im Sinne von aufgeregt

Kirchweih war, hing sich Vrenchen an Salis Arm und flüsterte mit zitternden Worten: „Sali! Warum sollen wir uns nicht haben und glücklich sein?" – „Ich weiß auch nicht, warum!", erwiderte er und heftete seine Augen an den milden Herbstsonnenschein, der auf den Auen web- ⁵ te, und er musste sich bezwingen und das Gesicht ganz sonderbar verziehen. Sie standen still um sich zu küssen; aber es zeigten sich Leute und sie unterließen es und zogen weiter. Das große Kirchdorf, in dem Kirchweih war, belebte sich schon von der Lust des Volkes; aus dem ¹⁰ stattlichen Gasthofe tönte eine pomphafte Tanzmusik[1], da die jungen Dörfler bereits um Mittag den Tanz ange- hoben[2], und auf dem Platz vor dem Wirtshause war ein kleiner Markt[3] aufgeschlagen, bestehend aus einigen Ti- schen mit Süßigkeiten und Backwerk und ein paar Bu- ¹⁵ den mit Flitterstaat[4], um welche sich die Kinder und das- jenige Volk drängten, welches sich einstweilen mehr mit Zusehen begnügte. Sali und Vrenchen traten auch zu den Herrlichkeiten und ließen ihre Augen darüber fliegen; denn beide hatten zugleich die Hand in der Tasche und ²⁰ jedes wünschte dem andern etwas zu schenken, da sie zum ersten und einzigen Male miteinander zu Markt waren; Sali kaufte ein großes Haus von Lebkuchen, das mit Zuckerguss freundlich geweißt war, mit einem grü- nen Dach, auf welchem weiße Tauben saßen und aus ²⁵ dessen Schornstein ein Amörchen[5] guckte als Kaminfe- ger; an den offenen Fenstern umarmten sich pausbäckige Leutchen mit winzig kleinen roten Mündchen, die sich recht eigentlich küssten, da der flüchtige praktische Ma- ler mit einem Kleckschen gleich zwei Mündchen ge- ³⁰ macht, die so ineinander verflossen. Schwarze Pünkt- chen stellten muntere Äuglein vor. Auf der rosenroten Haustür aber waren diese Verse zu lesen:

---

[1] mit Pomp (Prunk) ausgestattete Tanzkapelle
[2] anheben, veraltetes (feierliches) Wort für beginnen, anfangen.
[3] kleiner Jahrmarkt (mit wenigen Buden)
[4] Glitzerschmuck, meist mit dem Nebensinn: wertloses Zeug
[5] ein kleiner Amor (Liebesgott)

Tritt in mein Haus, o Liebste!
Doch sei dir unverhehlt:
Drin wird allein nach Küssen
Gerechnet und gezählt.

5 Die Liebste sprach: „O Liebster,
Mich schrecket nichts zurück!
Hab alles wohl erwogen:
In dir nur lebt mein Glück!

Und wenn ich's recht bedenke,
10 Kam ich deswegen auch!"
Nun denn, spazier mit Segen
Herein und üb den Brauch!

Ein Herr in einem blauen Frack und eine Dame mit einem sehr hohen Busen[1] komplimentierten[2] sich diesen
15 Versen gemäß in das Haus hinein, links und rechts an
die Mauer gemalt. Vrenchen schenkte Sali dagegen ein
Herz, auf dessen einer Seite ein Zettelchen klebte mit
den Worten:

20 Ein süßer Mandelkern steckt in dem Herze hier,
Doch süßer als der Mandelkern ist meine Lieb
zu dir!

Und auf der anderen Seite:

Wenn du dies Herz gegessen, vergiss dies
25 Sprüchlein nicht: Viel eh'r als meine Liebe
mein braunes Auge bricht!

Sie lasen eifrig die Sprüche und nie ist etwas Gereimtes
und Gedrucktes schöner befunden und tiefer empfunden worden als diese Pfefferkuchensprüche; sie hielten,
30 was sie lasen, in besonderer Absicht auf sich gemacht,
so gut schien es ihnen zu passen. „Ach", seufzte Vrenchen, „du schenkst mir ein Haus! Ich habe dir auch ei-

---

[1] nach damaliger Mode hoch geschnürt, sodass der Busen gut zur
Geltung kam
[2] Komplimente machen; hier: jemanden höflich einladen

nes und erst das wahre geschenkt; denn unser Herz ist jetzt unser Haus, darin wir wohnen, und wir tragen so unsere Wohnung mit uns, wie die Schnecken! Andere haben wir nicht!" „Dann sind wir aber zwei Schnecken, von denen jede das Häuschen der andern trägt!", sagte ₅ Sali, und Vrenchen erwiderte: „Desto weniger dürfen wir voneinander gehen, damit jedes seiner Wohnung nah bleibt!" Doch wussten sie nicht, dass sie in ihren Reden ebensolche Witze machten, als auf den vielfach geformten Lebkuchen zu lesen waren, und fuhren fort, ₁₀ diese süße einfache Liebesliteratur zu studieren, die da ausgebreitet lag und besonders auf vielfach verzierte kleine und große Herzen geklebt war. Alles dünkte sie schön und einzig zutreffend; als Vrenchen auf einem vergoldeten Herzen, das wie eine Lyra[1] mit Saiten be- ₁₅ spannt war, las: „Mein Herz ist wie ein Zitherspiel, rührt man es viel, so tönt es viel!", ward ihm so musikalisch zumut, dass es glaubte, sein eigenes Herz klingen zu hören. Ein Napoleonsbild war da, welches aber auch der Träger eines verliebten Spruches sein musste, denn es ₂₀ stand darunter geschrieben: „Groß war der Held Napoleon, sein Schwert von Stahl, sein Herz von Ton; meine Liebe trägt ein Röslein frei, doch ist ihr Herz wie Stahl so treu!" – Während sie aber beiderseitig in das Lesen vertieft schienen, nahm jedes die Gelegenheit wahr, ei- ₂₅ nen heimlichen Einkauf zu machen. Sali kaufte für Vrenchen ein vergoldetes Ringelchen mit einem grünen Glassteinchen und Vrenchen einen Ring von schwarzem Gemshorn[2], auf welchem ein goldenes Vergissmeinnicht eingelegt war. Wahrscheinlich hatten sie den gleichen ₃₀ Gedanken, sich diese armen Zeichen bei der Trennung zu geben.

Während sie in diese Dinge sich versenkten, waren sie so vergessen, dass sie nicht bemerkten, wie nach und nach ein weiter Ring sich um sie gebildet hatte von Leu- ₃₅ ten, die sie aufmerksam und neugierig betrachteten. Denn da viele junge Bursche und Mädchen aus ihrem

---

[1] Saiteninstrument
[2] aus den Hörnern der Gemse

Dorfe hier waren, so waren sie erkannt worden und alles stand jetzt in einiger Entfernung um sie herum und sah mit Verwunderung auf das wohlgeputzte Paar, welches in andächtiger Innigkeit die Welt um sich her zu
5 vergessen schien. „Ei seht!", hieß es, „das ist ja wahrhaftig das Vrenchen Marti und der Sali aus der Stadt! Die haben sich ja säuberlich gefunden und verbunden! Und welche Zärtlichkeit und Freundschaft, seht doch, seht! Wo die wohl hinaus wollen?" Die Verwunderung dieser
10 Zuschauer war ganz seltsam gemischt aus Mitleid mit dem Unglück, aus Verachtung der Verkommenheit und Schlechtigkeit der Eltern und aus Neid gegen das Glück und die Einigkeit des Paares, welches auf eine ganz ungewöhnliche und fast vornehme Weise verliebt und auf-
15 geregt war und in dieser rückhaltlosen Hingebung und Selbstvergessenheit dem rohen[1] Völkchen ebenso fremd erschien wie in seiner Verlassenheit und Armut. Als sie daher endlich aufwachten[2] und um sich sahen, erschauten sie nichts als gaffende Gesichter von allen Seiten;
20 niemand grüßte sie und sie wussten nicht, sollten sie jemand grüßen, und diese Verfremdung und Unfreundlichkeit war von beiden Seiten mehr Verlegenheit als Absicht. Es wurde Vrenchen bang und heiß, es wurde bleich und rot, Sali nahm es aber bei der Hand und führ-
25 te das arme Wesen hinweg, das ihm mit seinem Haus in der Hand willig folgte, obgleich die Trompeten im Wirtshause lustig schmetterten und Vrenchen so gern tanzen wollte. „Hier können wir nicht tanzen!", sagte Sali, als sie sich etwas entfernt hatten, „wir würden hier
30 wenig Freude haben, wie es scheint!" „Jedenfalls", sagte Vrenchen traurig, „es wird auch am besten sein, wir lassen es ganz bleiben und ich sehe, wo ich ein Unterkommen finde!" „Nein", rief Sali, „du sollst einmal tanzen, ich habe dir darum Schuhe gebracht! Wir wollen gehen,
35 wo das arme Volk sich lustig macht, zu dem wir jetzt auch gehören, da werden sie uns nicht verachten; im Pa-

---

[1]   hier so viel wie ungebildet, bäuerlich
[2]   hier: sich bewusst wurden, ihre Umwelt wahrnahmen

radiesgärtchen wird jedes Mal auch getanzt, wenn hier
Kirchweih ist, da es in die Kirchgemeinde gehört, und
dorthin wollen wir gehen, dort kannst du zur Not auch
übernachten." Vrenchen schauerte zusammen bei dem
Gedanken, nun zum ersten Mal an einem unbekannten 5
Ort zu schlafen; doch folgte es willenlos seinem Führer,
der jetzt alles war, was es in der Welt hatte. Das Para-
diesgärtlein war ein schön gelegenes Wirtshaus an einer
einsamen Berghalde, das weit über das Land weg sah, in
welchem aber an solchen Vergnügungstagen nur das är- 10
mere Volk, die Kinder der ganz kleinen Bauern und
Tagelöhner und sogar mancherlei fahrendes Gesinde[1]
verkehrte. Vor hundert Jahren war es als ein kleines
Landhaus von einem reichen Sonderling gebaut worden,
nach welchem niemand mehr da wohnen mochte, und 15
da der Platz sonst zu nichts zu gebrauchen war, so geriet
der wunderliche Landsitz in Verfall und zuletzt in die
Hände eines Wirtes, der da sein Wesen trieb. Der Name
und die demselben entsprechende Bauart waren aber
dem Hause geblieben. Es bestand nur aus einem Erdge- 20
schoss, über welchem ein offener Estrich[2] gebaut war,
dessen Dach an den vier Ecken von Bildern aus Sandstein getragen wurde, so[3] die vier Erzengel vorstellten
und gänzlich verwittert waren. Auf dem Gesimse des
Daches saßen ringsherum kleine musizierende Engel 25
mit dicken Köpfen und Bäuchen, den Triangel, die Geige,
die Flöte, Zimbel und Tamburin[4] spielend, ebenfalls aus
Sandstein, und die Instrumente waren ursprünglich ver-
goldet gewesen. Die Decke inwendig sowie die Brust-
wehr des Estrichs und das übrige Gemäuer des Hauses 30
waren mit verwaschenen Freskomalereien[5] bedeckt,
welche lustige Engelscharen sowie singende und tan-
zende Heilige darstellten. Aber alles war verwischt und

---

[1] Gesinde hat hier fast schon die Bedeutung von Gesindel.
[2] Estrich ist ein glatter, fugenloser Fußboden; offen wird er genannt,
     weil sich kein geschlossener Raum darüber befindet.
[3] die, welche (Relativpronomen)
[4] Musikinstrumente
[5] auf frisch geweißte (gekalkte) Wand gemalt (italienisch fresco = frisch)

undeutlich wie ein Traum und überdies reichlich mit
Weinreben übersponnen und blaue reifende Trauben
hingen überall in dem Laube. Um das Haus herum standen verwilderte Kastanienbäume und knorrige starke
⁵ Rosenbüsche, auf eigene Hand fortlebend, wuchsen da
und dort so wild herum wie anderswo die Holunder-
bäume. Der Estrich diente zum Tanzsaal; als Sali mit
Vrenchen daherkam, sahen sie schon von weitem die
Paare unter dem offenen Dache sich drehen und rund
¹⁰ um das Haus zechten und lärmten eine Menge lustiger
Gäste. Vrenchen, welches andächtig und wehmütig sein
Liebeshaus trug, glich einer heiligen Kirchenpatronin
auf alten Bildern[1], welche das Modell eines Domes oder
Klosters auf der Hand hält, so sie gestiftet; aber aus der
¹⁵ frommen Stiftung, die ihm im Sinne lag, konnte nichts
werden. Als es aber die wilde[2] Musik hörte, welche vom
Estrich ertönte, vergaß es sein Leid und verlangte endlich nichts als mit Sali zu tanzen. Sie drängten sich durch
die Gäste, die vor dem Hause saßen und in der Stube,
²⁰ verlumpte Leute aus Seldwyla, die eine billige Landpar-
tie machten, armes Volk von allen Enden, und stiegen
die Treppe hinauf, und sogleich drehten sie sich im Walzer herum, keinen Blick voneinander abwendend. Erst
als der Walzer zu Ende, sahen sie sich um; Vrenchen hat-
²⁵ te sein Haus zerdrückt und zerbrochen und wollte eben
betrübt darüber werden, als es noch mehr erschrak über
den schwarzen Geiger, in dessen Nähe sie standen. Er
saß auf einer Bank, die auf einem Tische stand, und sah
so schwarz aus wie gewöhnlich; nur hatte er heute einen
³⁰ grünen Tannenbusch auf sein Hütchen gesteckt, zu seinen Füßen hatte er eine Flasche Rotwein und ein Glas

---

[1] Eine Patronin ist eine Stifterin und zugleich Schirmherrin. „Auf al-
     ten Bildern" bezieht sich auf die Stifterfiguren in der mittelalterli-
     chen Malerei und Plastik (vgl. die berühmten Stifterfiguren am
     Naumburger Dom).
[2] Der Ausdruck bezieht sich auf die Lautstärke und darauf, dass hier
     nicht höfisch-feine, fast zeremonielle Musik gespielt wurde, son-
     dern die Musik, nach der das Volk tanzte.

stehen, welche er nie umstieß, obgleich er fortwährend mit den Beinen strampelte, wenn er geigte, und so eine Art von Eiertanz damit vollbrachte. Neben ihm saß noch ein schöner, aber trauriger junger Mensch mit einem Waldhorn, und ein Buckliger stand an einer Bassgeige. 5 Sali erschrak auch, als er den Geiger erblickte; dieser grüßte sie aber auf das Freundlichste und rief: „Ich habe doch gewusst, dass ich euch noch einmal aufspielen werde! So macht euch nur recht lustig, ihr Schätzchen, und tut mir Bescheid[1]!" Er bot Sali das volle Glas und 10 Sali trank und tat ihm Bescheid. Als der Geiger sah, wie erschrocken Vrenchen war, suchte er ihm freundlich zuzureden und machte einige fast anmutige Scherze, die es zum Lachen brachten. Es ermunterte sich wieder, und nun waren sie froh, hier einen Bekannten zu haben und 15 gewissermaßen unter dem besonderen Schutze des Geigers zu stehen. Sie tanzten nun ohne Unterlass, sich und die Welt vergessend in dem Drehen, Singen und Lärmen, welches in und außer dem Hause rumorte und vom Berge weit in die Gegend hinausschallte, welche 20 sich allmählich in den silbernen Duft des Herbstabends hüllte. Sie tanzten, bis es dunkelte und der größere Teil der lustigen Gäste sich schwankend und johlend nach allen Seiten entfernte. Was noch zurückblieb, war das eigentliche Hudelvölkchen[2], welches nirgends zu Hause 25 war und sich zum guten Tag auch noch eine gute Nacht machen wollte. Unter diesen waren einige, welche mit dem Geiger gut bekannt schienen und fremdartig aussahen in ihrer zusammengewürfelten Tracht. Besonders ein junger Bursche fiel auf, der eine grüne Manchester- 30 jacke[3] trug und einen zerknitterten Strohhut, um den er einen Kranz von Ebereschen oder Vogelbeerbüscheln gebunden hatte. Dieser führte eine wilde Person mit sich, die einen Rock von kirschrotem, weiß getüpfeltem

---

[1] prostet mir zu!
[2] landschaftl. „hudeln": übereilt, oberflächlich handeln
[3] Jacke aus festem Kordstoff, nach der englischen Stadt Manchester benannt, in der dieser Stoff erstmals hergestellt wurde

Kattun trug und sich einen Reifen von Rebenschossen[1] um den Kopf gebunden, sodass an jeder Schläfe eine blaue Traube hing. Dies Paar war das ausgelassenste von allen, tanzte und sang unermüdlich und war in allen Ek-
5 ken zugleich. Dann war noch ein schlankes hübsches Mädchen da, welches ein schwarzseidenes abgeschossenes[2] Kleid trug und ein weißes Tuch um den Kopf, dass der Zipfel über den Rücken fiel. Das Tuch zeigte rote, eingewobene Streifen und war eine gute leinene Handzweh-
10 le[3] oder Serviette. Darunter leuchteten aber ein paar veilchenblaue Augen hervor. Um den Hals und auf der Brust hing eine sechsfache Kette von Vogelbeeren auf einen Faden gezogen und ersetzte die schönste Korallenschnur. Diese Gestalt tanzte fortwährend allein mit sich selbst
15 und verweigerte hartnäckig, mit einem der Gesellen zu tanzen. Nichtsdestominder bewegte sie sich anmutig und leicht herum und lächelte jedes Mal, wenn sie sich an dem traurigen Waldhornbläser vorüberdrehte, wozu dieser immer den Kopf abwandte. Noch einige andere ver-
20 gnügte Frauensleute waren da mit ihren Beschützern, alle von dürftigem Aussehen, aber sie waren umso lustiger und in bester Eintracht untereinander. Als es gänzlich dunkel war, wollte der Wirt keine Lichter anzünden, da er behauptete, der Wind lösche sie aus, auch ginge der
25 Vollmond sogleich auf und für das, was ihm diese Herrschaften einbrächten, sei das Mondlicht gut genug. Diese Eröffnung wurde mit großem Wohlgefallen aufgenommen; die ganze Gesellschaft stellte sich an die Brüstung des luftigen Saales und sah dem Aufgange des Gestirnes
30 entgegen, dessen Röte schon am Horizonte stand; und sobald der Mond aufging und sein Licht quer durch den Estrich des Paradiesgärtels warf, tanzten sie im Mondschein weiter, und zwar so still, artig und seelenvergnügt, als ob sie im Glanze von hundert Wachskerzen tanzten.

---

1 Rebenschößling, Rebenranke
2 abgetragenes
3 schweizerisches Wort für Tischtuch oder Handtuch

Das seltsame Licht machte alle vertrauter, und so konnten Sali und Vrenchen nicht umhin, sich unter die gemeinsame Lustbarkeit zu mischen und auch mit andern zu tanzen. Aber jedes Mal, wenn sie ein Weilchen getrennt gewesen, flogen sie zusammen und feierten ein Wiedersehen, als ob sie sich jahrelang gesucht und endlich gefunden. Sali machte ein trauriges und unmutiges Gesicht, wenn er mit einer anderen tanzte, und drehte fortwährend das Gesicht nach Vrenchen hin, welches ihn nicht ansah, wenn es vorüberschwebte, glühte wie eine Purpurrose und überglücklich schien, mit wem es auch tanzte. „Bist du eifersüchtig, Sali?", fragte es ihn, als die Musikanten müde waren und aufhörten. „Gott bewahre!", sagte er, „ich wüsste nicht, wie ich es anfangen sollte!" – „Warum bist du denn so bös, wenn ich mit andern tanze?" – „Ich bin nicht darüber bös, sondern weil ich mit andern tanzen muss! Ich kann kein anderes Mädchen ausstehen, es ist mir, als wenn ich ein Stück Holz im Arm habe, wenn du es nicht bist! Und du? Wie geht es dir?" – „Oh, ich bin immer wie im Himmel, wenn ich nur tanze und weiß, dass du zugegen bist! Aber ich glaube, ich würde sogleich tot umfallen, wenn du weggingest und mich daließest!" Sie waren hinabgegangen und standen vor dem Hause; Vrenchen umschloss ihn mit beiden Armen, schmiegte seinen schlanken zitternden Leib an ihn, drückte seine glühende Wange, die von heißen Tränen feucht war, an sein Gesicht und sagte schluchzend: „Wir können nicht zusammen sein, und doch kann ich nicht von dir lassen, nicht einen Augenblick mehr, nicht eine Minute!" Sali umarmte und drückte das Mädchen heftig an sich und bedeckte es mit Küssen. Seine verwirrten Gedanken rangen nach einem Ausweg, aber er sah keinen. Wenn auch das Elend und die Hoffnungslosigkeit seiner Herkunft zu überwinden gewesen wären, so war seine Jugend und unerfahrene Leidenschaft nicht beschaffen, sich eine lange Zeit der Prüfung und Entsagung vorzunehmen und zu überstehen, und dann wäre erst noch Vrenchens Vater da gewesen, welchen er zeitlebens elend gemacht. Das Gefühl, in der bürgerlichen

Welt[1] nur in einer ganz ehrlichen und gewissensfreien
Ehe[2] glücklich sein zu können, war in ihm ebenso lebendig wie in Vrenchen, und in beiden verlassenen Wesen war es die letzte Flamme der Ehre, die in früheren
5 Zeiten in ihren Häusern geglüht hatte und welche die
sich sicher fühlenden Väter durch einen unscheinbaren
Missgriff ausgeblasen und zerstört hatten, als sie, eben
diese Ehre zu äufnen[3] während durch Vermehrung ihres Eigentums, so gedankenlos sich das Gut eines Ver-
10 schollenen aneigneten, ganz gefahrlos, wie sie meinten.
Das geschieht nun freilich alle Tage; aber zuweilen stellt
das Schicksal ein Exempel auf und lässt zwei solche
Äufner[4] ihrer Hausehre und ihres Gutes zusammentref-
fen, die sich dann unfehlbar aufreiben und auffressen
15 wie zwei wilde Tiere. Denn die Mehrer des Reiches ver-
rechnen sich nicht nur auf den Thronen, sondern zuweilen auch in den niedersten Hütten und langen ganz
am entgegengesetzten Ende an, als wohin sie zu kommen trachteten, und der Schild der Ehre ist im Umse-
20 hen eine Tafel der Schande. Sali und Vrenchen hatten
aber noch die Ehre ihres Hauses gesehen in zarten Kin-
derjahren und erinnerten sich, wie wohlgepflegte Kin-
derchen sie gewesen und dass ihre Väter ausgesehen
wie andere Männer, geachtet und sicher. Dann waren
25 sie auf lange getrennt worden, und als sie sich wieder
fanden, sahen sie in sich zugleich das verschwundene
Glück des Hauses, und beider Neigung klammerte sich
nur umso heftiger ineinander. Sie mochten so gern
fröhlich und glücklich sein, aber nur auf einem guten
30 Grund und Boden, und dieser schien ihnen unerreich-
bar, während ihr wallendes Blut am liebsten gleich zu-
sammengeströmt wäre. „Nun ist es Nacht", rief Vrenchen, „und wir sollen uns trennen!" – „Ich soll nach

---

1 d.h. in der Welt, die nach bürgerlichen Normen lebt, in der Welt, zu
   der sie sich selbst rechnen
2 d.h. in einer normalen, bürgerlichen Ehe, die nicht durch Schuldge-
   fühle belastet ist
3 schweizerisches Wort für vermehren
4 Substantiv zu äufnen: Vermehrer

Hause gehen und dich allein lassen?", rief Sali, „nein,
das kann ich nicht!" – „Dann wird es Tag werden und
nicht besser um uns stehen!"
„Ich will euch einen guten Rat geben, ihr närrischen
Dinger!", tönte eine schrille Stimme hinter ihnen, und
der Geiger trat vor sie hin. „Da steht ihr", sagte er, „wisst
nicht wo hinaus und hättet euch gern. Ich rate euch,
nehmt euch, wie ihr seid, und säumet nicht. Kommt mit
mir und meinen guten Freunden in die Berge, da brau-
chet ihr keinen Pfarrer, kein Geld, keine Schriften, keine
Ehre, kein Bett, nichts als euern guten Willen! Es ist gar
nicht so übel bei uns, gesunde Luft und genug zu essen,
wenn man tätig ist; die grünen Wälder sind unser Haus,
wo wir uns liebhaben, wie es uns gefällt, und im Winter
machen wir uns die wärmsten Schlupfwinkel oder krie-
chen den Bauern ins warme Heu. Also kurz entschlossen, haltet gleich hier Hochzeit und kommt mit uns,
dann seid ihr aller Sorgen los und habt euch für immer
und ewiglich, solange es euch gefällt wenigstens; denn
alt werdet ihr bei unserm freien Leben, das könnt ihr
glauben! Denkt nicht etwa, dass ich euch nachtragen
will, was eure Alten an mir getan! Nein! Es macht mir
zwar Vergnügen, euch da angekommen zu sehen, wo
ihr seid; allein damit bin ich zufrieden und werde euch
behilflich und dienstfertig sein, wenn ihr mir folgt." Er
sagte das wirklich in einem aufrichtigen und gemütli-
chen[1] Tone. „Nun, besinnt euch ein bisschen, aber folget
mir, wenn ich euch gut zum Rat bin[2]! Lasst fahren die
Welt und nehmet euch und fraget niemandem was nach!
Denkt an das lustige Hochzeitbett im tiefen Wald oder
auf einem Heustock[3], wenn es euch zu kalt ist!" Damit
ging er ins Haus. Vrenchen zitterte in Salis Armen und
dieser sagte: „Was meinst du dazu? Mich dünkt, es wäre
nicht übel, die ganze Welt in den Wind zu schlagen und
uns dafür zu lieben ohne Hindernis und Schranken!" Er
sagte es aber mehr als einen verzweifelten Scherz denn

---

[1] gemütvollen, wohlmeinenden
[2] wenn ich euch einen guten Rat geben darf
[3] Heuspeicher, Scheune

im Ernst. Vrenchen aber erwiderte ganz treuherzig und
küsste ihn: „Nein, dahin möchte ich nicht gehen, denn da
geht es auch nicht nach meinem Sinne zu. Der junge
Mensch mit dem Waldhorn und das Mädchen in dem sei-
denen Rock gehören auch so zueinander und sollen sehr
verliebt gewesen sein. Nun sei letzte Woche die Person
ihm zum ersten Mal untreu geworden, was ihm nicht in
den Kopf wolle, und deshalb sei er so traurig und
schmolle mit ihr und mit den andern, die ihn auslachen.
Sie aber tut eine mutwillige Buße, indem sie allein tanzt
und mit niemandem spricht, und lacht ihn auch nur aus
damit. Dem armen Musikanten sieht man es jedoch an,
dass er sich noch heute mit ihr versöhnen wird. Wo es
aber so hergeht, möchte ich nicht sein, denn nie möcht
ich dir untreu werden, wenn ich auch sonst noch alles er-
tragen würde, um dich zu besitzen!" Indessen aber fieber-
te das arme Vrenchen immer heftiger an Salis Brust; denn
schon seit dem Mittag, wo jene Wirtin es für eine Braut
gehalten und es eine solche ohne Widerrede vorgestellt,
lohte[1] ihm das Brautwesen im Blute, und je hoffnungslo-
ser es war, umso wilder und unbezwinglicher. Dem Sali
erging es ebenso schlimm, da die Reden des Geigers, so
wenig er ihnen folgen mochte, dennoch seinen Kopf verwirrten, und er sagte mit ratlos stockender Stimme:
„Komm herein, wir müssen wenigstens noch was essen
und trinken." Sie gingen in die Gaststube, wo niemand
mehr war als die kleine Gesellschaft der Heimatlosen,
welche bereits um einen Tisch saß und eine spärliche
Mahlzeit hielt. „Da kommt unser Hochzeitpaar!", rief der
Geiger, „jetzt seid lustig und fröhlich und lasst euch zu-
sammengeben!" Sie wurden an den Tisch genötigt und
flüchteten sich vor sich selbst an denselben hin; sie waren
froh, nur für den Augenblick unter Leuten zu sein. Sali
bestellte Wein und reichlichere Speisen, und es begann eine große Fröhlichkeit. Der Schmollende hatte sich mit der
Untreuen versöhnt und das Paar liebkoste sich in begieri-
ger Seligkeit; das andere wilde Paar sang und trank und
ließ es ebenfalls nicht an Liebesbezeugungen fehlen und

---

[1] loderte, flammte

der Geiger nebst dem buckligen Bassgeiger lärmten ins
Blaue hinein. Sali und Vrenchen waren still und hielten
sich umschlungen; auf einmal gebot der Geiger Stille und
führte eine spaßhafte Zeremonie auf, welche eine Trauung vorstellen sollte. Sie mussten sich die Hände geben 5
und die Gesellschaft stand auf und trat der Reihe nach zu
ihnen, um sie zu beglückwünschen und in ihrer Verbrüde-
rung willkommen zu heißen. Sie ließen es geschehen, ohne ein Wort zu sagen, und betrachteten es als einen Spaß,
während es sie doch kalt und heiß durchschauerte. 10
Die kleine Versammlung wurde jetzt immer lauter und
aufgeregter, angefeuert durch den stärkern Wein, bis
plötzlich der Geiger zum Aufbruch mahnte. „Wir haben
weit", rief er, „und Mitternacht ist vorüber! Auf! Wir
wollen dem Brautpaar das Geleit geben und ich will vor- 15
ausgeigen, dass es eine Art hat[1]!" Da die ratlosen Verlassenen nichts Besseres wussten und überhaupt ganz verwirrt waren, ließen sie abermals geschehen, dass man sie
voranstellte und die übrigen zwei Paare einen Zug hinter ihnen formierten, welchen der Bucklige abschloss mit 20
seiner Bassgeige über der Schulter. Der Schwarze zog
voraus und spielte auf seiner Geige wie besessen den
Berg hinunter, und die anderen lachten, sangen und
sprangen hintendrein. So strich der tolle nächtliche Zug
durch die stillen Felder und durch das Heimatdorf Salis 25
und Vrenchens, dessen Bewohner längst schliefen.
Als sie durch die stillen Gassen kamen und an ihren verlorenen Vaterhäusern vorüber, ergriff sie eine schmerz-
haft wilde Laune und sie tanzten mit den anderen um die
Wette hinter dem Geiger her, küssten sich, lachten und 30
weinten. Sie tanzten auch den Hügel hinauf, über welchen der Geiger sie führte, wo die drei Äcker lagen, und
oben strich der schwärzliche Kerl die Geige noch einmal
so wild, sprang und hüpfte wie ein Gespenst und seine
Gefährten blieben nicht zurück in der Ausgelassenheit, 35
sodass es ein wahrer Blocksberg[2] war in der stillen Höhe;

---

[1] wie es sich gehört
[2] Auf dem Blocksberg versammelten sich nach dem Volksglauben in
     der Walpurgisnacht die Hexen zu wildem Treiben.

selbst der Bucklige sprang keuchend mit seiner Last herum und keines schien mehr das andere zu sehen. Sali fasste Vrenchen fester in den Arm und zwang es stillzustehen; denn er war zuerst zu sich gekommen. Er küsste
5 es, damit es schweige, heftig auf den Mund, da es sich ganz vergessen hatte und laut sang. Es verstand ihn endlich und sie standen still und lauschend, bis ihr tobendes Hochzeitgeleite das Feld entlanggerast war und, ohne sie zu vermissen, am Ufer des Stromes hinauf sich verzog.
10 Die Geige, das Gelächter der Mädchen und die Jauchzer der Bursche tönten aber noch eine gute Zeit durch die Nacht, bis zuletzt alles verklang und still wurde.

„Diesen sind wir entflohen", sagte Sali, „aber wie entfliehen wir uns selbst? Wie meiden wir uns?"
15 Vrenchen war nicht imstande zu antworten und lag hoch aufatmend an seinem Halse. „Soll ich dich nicht lieber ins Dorf zurückbringen und Leute wecken, dass sie dich aufnehmen? Morgen kannst du ja dann deines Weges ziehen, und gewiss wird es dir wohl gehen, du
20 kommst überall fort!"

„Fortkommen, ohne dich!"

„Du musst mich vergessen!"

„Das werde ich nie! Könntest denn du es tun?"

„Darauf kommt's nicht an, mein Herz!", sagte Sali und
25 streichelte ihm die heißen Wangen, je nachdem es sie leidenschaftlich an seiner Brust herumwarf, „es handelt sich jetzt nur um dich; du bist noch so ganz jung und es kann dir noch auf allen Wegen gut gehen!"

„Und dir nicht auch, du alter Mann?"
30 „Komm!", sagte Sali und zog es fort. Aber sie gingen nur einige Schritte und standen wieder still, um sich bequemer zu umschlingen und zu herzen. Die Stille der Welt sang und musizierte ihnen durch die Seelen, man hörte nur den Fluss unten sacht und lieblich rauschen
35 im langsamen Ziehen.

„Wie schön ist es da ringsherum! Hörst du nicht etwas tönen, wie ein schöner Gesang oder ein Geläute?"

„Es ist das Wasser, das rauscht! Sonst ist alles still."

„Nein, es ist noch etwas anderes, hier, dort hinaus, über-
40 all tönt's!"

„Ich glaube, wir hören unser eigenes Blut in unsern Ohren rauschen!"
Sie horchten ein Weilchen auf diese eingebildeten oder wirklichen Töne, welche von der großen Stille herrührten oder welche sie mit den magischen Wirkungen des Mondlichtes verwechselten, welches nah und fern über die weißen Herbstnebel wallte, welche tief auf den Gründen lagen. Plötzlich fiel Vrenchen etwas ein; es suchte in seinem Brustgewand und sagte: „Ich habe dir noch ein Andenken gekauft, das ich dir geben wollte!" Und es gab ihm den einfachen Ring und steckte ihm denselben selbst an den Finger. Sali nahm sein Ringlein auch hervor und steckte ihn an Vrenchens Hand, indem er sagte: „So haben wir die gleichen Gedanken gehabt!" Vrenchen hielt seine Hand in das bleiche Silberlicht und betrachtete den Ring. „Ei, wie ein feiner Ring!", sagte es lachend; „nun sind wir aber doch verlobt und versprochen, du bist mein Mann und ich deine Frau, wir wollen es einmal einen Augenblick lang denken, nur bis jener Nebelstreif am Mond vorüber ist oder bis wir zwölf gezählt haben! Küsse mich zwölfmal!"
Sali liebte gewiss ebenso stark als Vrenchen, aber die Heiratsfrage war in ihm doch nicht so leidenschaftlich lebendig als ein bestimmtes Entweder-Oder, als ein unmittelbares Sein oder Nichtsein, wie in Vrenchen, welches nur das eine zu fühlen fähig war und mit leidenschaftlicher Entschiedenheit unmittelbar Tod oder Leben darin sah. Aber jetzt ging ihm endlich ein Licht auf, und das weibliche Gefühl des jungen Mädchens ward in ihm auf der Stelle zu einem wilden und heißen Verlangen[1] und eine glühende Klarheit erhellte ihm die Sinne. So heftig er Vrenchen schon umarmt und liebkost hatte, tat er es jetzt doch ganz anders und stürmischer und übersäete es mit Küssen. Vrenchen fühlte trotz aller eigenen Leidenschaft auf der Stelle diesen Wechsel, und ein heftiges Zittern durchfuhr sein ganzes Wesen, aber ehe jener Ne-

---

[1] Keller ist hier noch ganz in den Rollenvorstellungen seiner Zeit befangen: Das Mädchen muss zurückhaltend, passiv sein, darf sein Verlangen nicht zeigen; der Mann hat die aktive Rolle.

belstreif am Monde vorüber war, war es auch davon ergriffen. Im heftigen Schmeicheln und Ringen begegne-
ten sich ihre ringgeschmückten Hände und fassten sich
fest, wie von selbst eine Trauung vollziehend, ohne den
5 Befehl eines Willens. Salis Herz klopfte bald wie mit
Hämmern, bald stand es still, er atmete schwer und sagte leise: „Es gibt eines für uns, Vrenchen, wir halten
Hochzeit zu dieser Stunde und gehen dann aus der Welt
– dort ist das tiefe Wasser – dort scheidet uns niemand
10 mehr und wir sind zusammen gewesen – ob kurz oder
lang, das kann uns dann gleich sein.“
Vrenchen sagte sogleich: „Sali – was du da sagst, habe
ich schon lang bei mir gedacht und ausgemacht, nämlich dass wir sterben könnten und dann alles vorbei wä-
15 re – so schwör mir es, dass du es mit mir tun willst!“
„Es ist schon so gut wie getan, es nimmt dich niemand
mehr aus meiner Hand als der Tod!“, rief Sali außer sich.
Vrenchen aber atmete hoch auf, Tränen der Freude ent-
strömten seinen Augen; es raffte sich auf und sprang
20 leicht wie ein Vogel über das Feld gegen den Fluss hinunter. Sali eilte ihm nach; denn er glaubte, es wolle ihm entfliehen, und Vrenchen glaubte, er wolle es zurückhalten.
So sprangen sie einander nach und Vrenchen lachte wie
ein Kind, welches sich nicht will fangen lassen. „Bereust
25 du es schon?“, rief eines zum andern, als sie am Flusse angekommen waren und sich ergriffen; „nein! Es freut mich
immer mehr!“, erwiderte ein jedes. Aller Sorgen ledig gingen sie am Ufer hinunter und überholten die eilenden
Wasser, so hastig suchten sie eine Stätte, um sich nieder-
30 zulassen; denn ihre Leidenschaft sah jetzt nur den Rausch
der Seligkeit, der in ihrer Vereinigung lag, und der ganze
Wert und Inhalt des übrigen Lebens drängte sich in diesem zusammen; was danach kam, Tod und Untergang,
war ihnen ein Hauch, ein Nichts, und sie dachten weniger
35 daran als ein Leichtsinniger denkt, wie er den andern Tag
leben will, wenn er seine letzte Habe verzehrt.
„Meine Blumen gehen mir voraus“, rief Vrenchen, „sieh,
sie sind ganz dahin und verwelkt!“ Es nahm sie von der
Brust, warf sie ins Wasser und sang laut dazu: „Doch sü-
40 ßer als ein Mandelkern ist meine Lieb zu dir!“

„Halt!", rief Sali, „hier ist dein Brautbett!"
Sie waren an einen Fahrweg gekommen, der vom Dorfe
her an den Fluss führte, und hier war eine Landungs-
stelle, wo ein großes Schiff, hoch mit Heu beladen, ange-
bunden lag. In wilder Laune begann er unverweilt die ₅
starken Seile loszubinden. Vrenchen fiel ihm lachend in
den Arm und rief. „Was willst du tun? Wollen wir den
Bauern ihr Heuschiff stehlen zu guter Letzt?" „Das soll
die Aussteuer sein, die sie uns geben, eine schwimmen-
de Bettstelle und ein Bett, wie noch keine Braut gehabt! ₁₀
Sie werden überdies ihr Eigentum unten wieder finden,
wo es ja doch hin soll, und werden nicht wissen, was
damit geschehen ist. Sieh, schon schwankt es und will
hinaus!"
Das Schiff lag einige Schritte vom Ufer entfernt im tief- ₁₅
ern Wasser. Sali hob Vrenchen mit seinen Armen hoch
empor und schritt durch das Wasser gegen das Schiff;
aber es liebkoste ihn so heftig ungebärdig und zappelte
wie ein Fisch, dass er im ziehenden Wasser keinen Stand
halten konnte. Es strebte Gesicht und Hände ins Wasser ₂₀
zu tauchen und rief „Ich will auch das kühle Wasser
versuchen! Weißt du noch, wie kalt und nass unsere
Hände waren, als wir sie uns zum ersten Mal gaben? Fische fingen wir damals, jetzt werden wir selber Fische
sein und zwei schöne große!" – „Sei ruhig, du lieber ₂₅
Teufel!", sagte Sali, der Mühe hatte, zwischen dem to-
benden Liebchen und den Wellen sich aufrecht zu halten, „es zieht mich sonst fort!" Er hob seine Last in das
Schiff und schwang sich nach; er hob sie auf die hoch
gebettete weiche und duftende Ladung und schwang ₃₀
sich auch hinauf, und als sie oben saßen, trieb das Schiff
allmählich in die Mitte des Stromes hinaus und
schwamm dann sich langsam drehend zu Tal.
Der Fluss zog bald durch hohe dunkle Wälder, die ihn
überschatteten, bald durch offenes Land; bald an stillen ₃₅
Dörfern vorbei, bald an einzelnen Hütten; hier geriet er
in eine Stille, dass er einem ruhigen See glich und das
Schiff beinah stillhielt, dort strömte er um Felsen und
ließ die schlafenden Ufer schnell hinter sich; und als die
Morgenröte aufstieg, tauchte zugleich eine Stadt mit ih- ₄₀

ren Türmen aus dem silbergrauen Strome. Der untergehende Mond, rot wie Gold, legte eine glänzende Bahn den Strom hinauf, und auf dieser kam das Schiff langsam überquer[1] gefahren. Als es sich der Stadt näherte, glitten im Froste des Herbstmorgens zwei bleiche Gestalten, die sich fest umwanden, von der dunklen Masse herunter in die kalten Fluten.

Das Schiff legte sich eine Weile nachher unbeschädigt an eine Brücke und blieb da stehen. Als man später unterhalb der Stadt die Leichen fand und ihre Herkunft ausgemittelt hatte, war in den Zeitungen zu lesen, zwei junge Leute, die Kinder zweier blutarmen, zugrunde gegangenen Familien, welche in unversöhnlicher Feindschaft lebten, hätten im Wasser den Tod gesucht, nachdem sie einen ganzen Nachmittag herzlich miteinander getanzt und sich belustigt auf einer Kirchweih. Es sei dies Ereignis vermutlich in Verbindung zu bringen mit einem Heuschiff aus jener Gegend, welches ohne Schiffleute in der Stadt gelandet sei, und man nehme an, die jungen Leute haben das Schiff entwendet, um darauf ihre verzweifelte und gottverlassene Hochzeit zu halten, abermals ein Zeichen von der um sich greifenden Entsittlichung und Verwilderung der Leidenschaften.

---

[1] quer zur Fahrtrichtung

Anhang

1. Biografisches

Das Leben Gottfried Kellers

Radierung von Karl Stauffer-Bern, 1887.

Gottfried Keller wurde am 19. Juli 1819 in Zürich geboren, wuchs in der Zürcher Altstadt auf, besuchte 1825 bis 1834 Zürcher Schulen, versuchte bis 1838 dort die Kunstmalerei zu studieren, war von 1861 bis 1876 Staatsschreiber

Das Haus „Zum goldenen Winkel" in Zürich, Kellers Geburtshaus

des Kantons Zürich, lebte auch nach dem Ende seiner beruflichen Tätigkeit bis zu seinem Tode in Zürich, verbrachte von den sieben Jahrzehnten seines Lebens also mehr als sechs in Zürich.

Die Verwurzelung in Zürich, einer schon damals bedeutenden großen Stadt und Kantonshauptstadt, gibt Kellers Leben und Werk die entscheidende Prägung. Es ist seinem Werk anzumerken, dass er eben nicht in der Enge bäuerlicher Verhältnisse aufgewachsen ist, sondern Zeit seines Lebens Großstadtluft geatmet hat. Das verschafft ihm den Weitblick, der ihn über die engen Grenzen seiner Heimat hinausschauen lässt. Mit diesem Weitblick in allen Fragen menschlichen Lebens und Zusammenlebens paart sich bei Keller aber auch eine solide Bodenständigkeit. Diese ist nicht zuletzt darauf zurückzuführen, dass Keller so oft wie

Heutiger Blick auf Glattfelden

möglich (nachweislich seit 1832) seine Ferien in Glattfelden bei seiner Großmutter verbrachte. Glattfelden liegt eine Tageswanderung von Zürich entfernt – etwa 30 bis 35 Kilometer – im nördlichen Teil des Kantons. Hier in Glatt-
5 felden hatten die Eltern Kellers Heimatrecht und damit auch er. Keller hat auf dieses Heimatrecht in Glattfelden erst im Jahre 1889 verzichtet, ein Jahr vor seinem Tod am 15. Juli 1890 und elf Jahre, nachdem ihm die Stadt Zürich das Heimatrecht (Bürgerrecht) geschenkt hatte (vgl. S.
10 104f.).
Die häufigen und nicht gerade kurzen Aufenthalte in Glattfelden vermittelten ihm eine gründliche Anschauung und Erfahrung dörflichen Lebens, die in vielen seiner Werke zu spüren ist (vgl. z.B. das Gespräch zwischen Manz und Marti
15 über die „Überbevölkerung" im Dorf und die daraus resultierende Notwendigkeit, einen zweiten Dorfschulmeister einzustellen).
Der Lebensweg Kellers wurde nachhaltig geprägt von zwei einschneidenden Ereignissen: dem frühen Tod des Vaters
20 1824 und dem Schulverweis 1834.
Der Tod seines Vaters machte Keller nicht nur zur Halbwaisen, sondern machte ihn – einer Sitte entsprechend, die wir heute nur noch aus Italien kennen – schon früh verantwortlich für Mutter und Schwester; diese Verant-
25 wortung überforderte ihn naturgemäß jahrelang.
Das andere Ereignis traf Keller hart und unvorbereitet. Wegen angeblicher Rädelsführerschaft gegen den Lehrer Heinrich Egli wird er der Schule verwiesen. Dieser Schulverweis bedeutet für ihn das Ende jeder Möglichkeit, in ei-
30 nem Klassenverband zu lernen. Er wird dadurch zum Einzelgänger, zum Autodidakten. Alles, was er sich an Wissen erwerben kann und will, muss er sich ab jetzt alleine, aus eigener Kraft erwerben.
Mit dem Abbruch des Schulbesuchs steht der gerade Fünf-
35 zehnjährige vor der Aufgabe, über sein weiteres Leben zu entscheiden. Dadurch, dass er den Sommer bei seinem Onkel und Vormund Johann Heinrich Scheuchzer in Glattfelden verbringen kann, hat er zwar keine wirtschaftlichen Nöte und Sorgen, aber er muss sich um eine Berufsausbil-
40 dung kümmern.

Er geht bis vermutlich Mitte 1836 bei dem Zürcher Maler und Lithografen[1] Steiger in die Lehre, um die Landschaftsmalerei zu erlernen. 1837 und 1838 hat er Unterricht bei dem Zeichner und Aquarellisten Rudolf Meyer, ebenfalls in Zürich. Die Hoffnung, sich als Landschaftsmaler seinen Lebensunterhalt verdienen zu können, hält ihn noch lange gefangen. 1840 verlässt Keller die Heimat und geht zum ersten Mal ins Ausland, nach München.

Gottfried Keller. Zeichnung von Johann Salomon Hegi aus dem Jahr 1841

[1] Lithografie bedeutet Steindruck. Es ist das älteste Verfahren, Druckformen für den direkten Flachdruck herzustellen.

Sein Leben dort und seine Versuche, sich als Landschaftsmaler zu etablieren, haben in Kellers autobiografischem
Roman „Der grüne Heinrich" dichterische Gestalt angenommen. Erst nach langen inneren Kämpfen, nachdem alle
5 Hoffnungen und Pläne sich zerschlagen hatten und Keller
einsah, dass er als Maler keine Zukunft hatte, kehrte er
1842 nach Zürich zu Mutter und Schwester zurück, ohne
irgendwelche beruflichen Chancen und Zukunft.
In den nächsten Jahren lebt er im Wesentlichen von der
10 Unterstützung durch die Mutter. Gelegentliche literarische
Veröffentlichungen, vor allem von Gedichten, bringen ihm
kleinere und größere Einnahmen, aber keine dauerhaften
Einkünfte, von denen er leben könnte. Auch ein Volontariat[1] in der Staatskanzlei unter dem Ersten Staatsschreiber
15 Alfred Escher verschafft ihm keinen gesicherten Lebensunterhalt. Das wird erst anders, als er 1848 von der Stadt
Zürich ein Ausbildungsstipendium bekommt, das bis 1852
dreimal verlängert wurde.
Zunächst geht Keller nach Heidelberg. Dort besucht er als
20 Gasthörer die Vorlesungen des Anthropologen[2] Jakob
Henle. Wichtiger als diese, geradezu entscheidend aber für
sein Leben werden die Vorlesungen des Philosophen Ludwig Feuerbach. Nicht minder wichtig – aber mehr für den
privaten Bereich – wird die Freundschaft, die er mit dem
25 Literaturgeschichtler Hermann Hettner schließt.
Feuerbachs Philosophie übt eine nachhaltige Wirkung auf
Keller aus, sie prägt sein ganzes künftiges Leben und Schaffen (vgl. zu den Grundzügen der Philosophie Feuerbachs
S. 126–129).
30 1850 verlässt Keller Heidelberg und siedelt nach Berlin
über. Verschiedene Bekanntschaften mit Persönlichkeiten
aus Berlin, die er geschlossen hatte, veranlassten ihn zu
diesem Schritt. Keller hoffte nun seinen Weg als Dramen-

---

[1] Das Volontariat ist gleichbedeutend mit einer Lehre, allerdings sind
die Bedingungen weniger fest. Zugrunde liegt das lateinische Wort
voluntas = Wille, was auf freiwillige Übernahme eines Volontariats
hindeutet.

[2] Die Anthropologie ist die Lehre von der Entstehung des Menschen
und seiner Entwicklung.

autor zu machen, ein Versuch, der genauso fehlschlug wie seine Bemühungen um die Malerei. Als 1852 das Stipendium der Stadt Zürich nicht mehr verlängert wurde, Keller sich aber noch nicht von Berlin losreißen konnte, wurde das Haus „Zur Sichel" in Zürich (Am Rindermarkt 9) ver- 5 kauft, das der Familie gehörte und in dem er seine Kinder- und Jugendjahre verbracht hatte. 1855 zwingen Keller Geldnot und Schulden seinen Wohnsitz in Berlin aufzugeben. Wieder einmal kehrt er völlig mittellos, ohne jede berufliche Perspektive, zu Mutter und Schwester nach Zürich 10 zurück. Noch im Jahr zuvor hatte er eine Professur am Polytechnikum in Zürich ausgeschlagen. Noch 1857 verzichtet Keller auf eine Anstellung als Sekretär des Kunstvereins in Köln. Man könnte den Eindruck gewinnen, Keller sei unfähig gewesen, sich in eine feste Anstellung zu fügen. 15
Es mag damit zusammenhängen, dass Keller allmählich begreift, dass sein Talent auf dem Gebiet des Erzählens liegt. 1853 waren die ersten drei Bände des „Grünen Heinrich" erschienen, 1856 der erste Teil von 20 „Die Leute von Seldwyla", darin enthalten als zweite Novelle „Romeo und Julia auf 25 dem Dorfe"; 1857 „Das Fähnlein der Sieben Aufrechten".
Nach sechs Jahren Berufslosigkeit wird er zum 30

Gottfried Kellers Mutter

Ersten Staatsschreiber der Stadt Zürich gewählt. Er bezieht mit Mutter und Schwester eine Dienstwohnung im „Steinhaus" (Kirchgasse 33). Zwei Jahre später wird Keller zum Sekretär des „Schweizerischen Komitees für Polen"
5 gewählt. Aus diesem Amt stammen wohl seine Kenntnisse über die polnischen Verhältnisse, die er in „Kleider machen Leute" verrät.

Es erscheinen jetzt in rascher Folge eine Vielzahl von Erzählungen, später in Sammelbänden zusammengefasst: Die
10 Leute von Seldwyla, 1. Teil; Die Leute von Seldwyla, 2. Teil; Zürcher Novellen; Das Sinngedicht.

1876 scheidet Keller aus dem Amt als Erster Staatsschreiber aus, er widmet sich bis zu seinem Tode nur noch der Schriftstellerei.

Kellers Schreibtischunterlage, auf die er seinen Liebeskummer wegen Betty Tendering niederschrieb und zeichnete

Ein besonderes Problem in Kellers Leben waren die Frauen. Er, der selbst ziemlich kleinwüchsig war, liebte große, attraktive Frauen, denen er im wahrsten Sinne des Wortes nicht gewachsen war. So reihte sich eine Enttäuschung an die andere. Affären mit Marie Melos und Luise Rieter in Zürich und später mit Johanna Kapp und Betty Tendering in Heidelberg und Berlin führten nicht zu dauerhaften Beziehungen. Als 1866 seine Verlobte, Luise Scheidegger, die zwanzig Jahr jünger war als Keller, freiwillig aus dem Leben ging, gab Keller wohl endgültig die Hoffnung auf, eine Frau fürs Leben zu finden. Die enge Bindung an Mutter und Schwester mag ihren Teil dazu beigetragen haben, dass Keller kein Liebes- und Familienglück fand.

Einen letzten Höhepunkt seines Lebens erlebt er, als ihm 1878 die Stadt Zürich das Bürgerrecht (Heimatrecht) verleiht. Die weiteren Jahre bis zum Tode verbringt Keller mit fleißigem erzählerischem Schaffen. Freunde hat er Zeit seines Lebens nur wenige besessen. Hier sind unter anderem zu erwähnen der Professor für Literaturgeschichte und Literaturkritiker Hermann Hettner, mit dem Keller in regem Briefwechsel stand, und der Musiker Wilhelm Baumgartner.

An seinem Lebensende schließt er Freundschaft mit dem Maler Arnold Böcklin (1885). Damit schließt sich der Kreis: Keller kehrt zu seinem Jugendtraum, der Malerei, zurück. Böcklin gehört zu den wenigen Menschen, die an seinem Altern und auch an seinem Sterben teilnehmen.

Kurz vor seinem Tode erscheinen als Höhepunkt seines Schaffens seine „Gesammelten Werke" – aber nicht etwa in der Schweiz, in Zürich, sondern bei dem Verleger Hertz in Berlin. Das unterstreicht, dass der Schweizer Schriftsteller nicht nur eines Lesepublikums in der kleinen Schweiz sicher sein konnte, sondern in allen Ländern, in denen Deutsch gesprochen und verstanden wurde.

Ein lebenslanger Freund: Wilhelm Baumgartner

Wilhelm Baumgartner (1820–1867), anonyme Fotografie.

Aus der Begegnung mit Wilhelm Baumgartner im Jahre 1845 wurde eine lebenslange Freundschaft. Die enge, vertraute Verbindung der beiden zeigt sich deutlich darin, dass sie von ihren Zeitgenossen oft die „Dioskuren"[1] genannt
5 wurden.

Der Briefwechsel zwischen Keller und Baumgartner aus den Heidelberger und Berliner Jahren Kellers kann uns wichtige Erkenntnisse über den Wandel der religionsphilosophischen Anschauungen des Dichters liefern.
10 Der aus Rorschach (am Bodensee) gebürtige Musiker Baumgartner war nach seiner Ausbildung in St. Gallen nach Zürich übergesiedelt, wo er ursprünglich Philologie

---

[1] Die Dioskuren sind die Söhne (kouroi) des Zeus (dios, Genitiv von Zeus). In der Antike galten die Dioskuren als Sinnbild unzertrennlicher Freundschaft.

und Musik studieren wollte, sich aber bald ausschließlich
der Tonkunst widmete.
Seine Vertonungen kellerscher Texte (Gedichte) zeugen
von einem tief empfundenen Verständnis für die Lyrik des
Freundes. Baumgartner ist bereits als 46-Jähriger an einer 5
Lungen- und Kehlkopfkrankheit gestorben. Keller hat seinem Freund folgendes Abschiedsgedicht gewidmet.

Gedächtnis an Wilhelm Baumgartner

Gesangführer und Tondichter, gestorben 1867
gesprochen am schweizerischen Musikfeste 1867 10

Haltet, Freunde, eine kurze Weile
Auf des Festes hellen Silberwogen,
Dass noch einmal zu erscheinen eile
Euch der Freund, der unlang fortgezogen,
Als der junge Lenz im Lande war 15
Fort zu der Gewesenen stiller Schar.

Mit dem Vaterland und allen Freien
Ging er stets dem goldnen Licht entgegen;
Freiheit, Licht und Wohlklang, diesen dreien
Galt der Takt von seines Herzens Schlägen. 20
Was er tat, das tat er recht mit Fleiß,
Und beim Schmieden war sein Eisen heiß.

Neulich sahen wir in Sommerstunden,
Wie der Schnee auf grünen Linden lag,
Von der Last das Ährenfeld gebunden 25
Niedersank vor seinem Erntetag:
Schlimmes Jahr! So sank der Sänger nieder –
Hier sein Schatten noch und seine Lieder!

Ein Gedenken noch und seine Lieder!
Alles, was uns bleibt, und doch genug! 30
Fröhlich heben wir die Fahne wieder,
Und es ruft aus ihrer Falten Flug
Seine Stimme wie in Abendglut:
Lebt und singt, doch singet fein und gut!

Zitiert nach: Hans Wysling (Hrsg.): Gottfried Keller (1819–1890). Zürich, München: Artemis Verlag 1990, S. 437

Der Freund der letzten Jahre:
Arnold Böcklin

Arnold Böcklin (1827–1901), Selbstporträt 1885

Der Kunstmaler Arnold Böcklin wurde am 15. Oktober 1827 in Basel geboren. 1846 begann er ein Studium an der Kunstakademie in Düsseldorf.

Von 1858 bis 1885 war er in München, dann in Weimar, Rom und anderen Städten tätig. 1885 kam er nach Zürich. Seit 1892 hielt er sich in San Domenico bei Florenz auf, wo er am 16. Januar 1901 an einer Lungenentzündung starb. Böcklin hat die Begegnung mit Gottfried Keller gesucht. 5 Die beiden Männer brachten sich gegenseitig großen Respekt entgegen. Sie pflegten schweigend und rauchend beieinander zu sitzen und verstanden sich trotzdem. Gottfried Kellers Tod am 15. Juli 1890 traf Arnold Böcklin schwer. Bis zuletzt hatte er am Bett seines kranken Freun- 10 des gesessen. Wenige Monate nach Kellers Tod erfasste ihn selber eine schwere Krankheit, die ihn von Zürich weg nach Florenz in eine wärmere Gegend trieb, wo er seine letzten Jahre verbrachte.
Das einzige schriftliche Zeugnis der Beziehung ist ein Ge- 15 dicht, welches Keller zum 60. Geburtstag von Böcklin (1887) verfasste. Er trug das Gedicht im kleinen Kreis der „Dienstagsgesellschaft" vor:

An Arnold Böcklin
Zum sechzigsten Geburtstage　　　　　　　　　　20

Seit du bei uns eingezogen
Und dein leichtes Haus gebaut,
Schauen wir der Iris Bogen,
Wenn der hellste Himmel blaut!

Sehn die Fülle der Gesichte　　　　　　　　　　25
Dich im Reigentanz umziehn,
Sehn die Knospen, Blüten, Früchte
Rastlos deiner Hand entfliehn.

Heute rauscht ein leises Wehen.
Lausche nicht zu lang, o Mann!　　　　　　　　30
Um Entstehen und Vergehen
Fange nicht zu zählen an!

Wie dir täglich hat gegoren
In der Seele neuer Wein,
Also sollst du neu geboren　　　　　　　　　　35
Selber jeden Morgen sein.

Und erst spät mag es geschehen,
Dass es fern herüber hallt:
Seht, auf jenen grünen Höhen
Hat der Meister einst gemalt!

5 Starken Herzens, stillen Blickes
Teilt' er Licht und Schatten aus,
Meister jeglichen Geschickes
Schloss gelassen er das Haus!

Zitiert nach: Hans Wysling (Hrsg.): Gottfried Keller (1819–1890). Zürich, München: Artemis Verlag 1990, S. 442

Bürgerrecht in Zürich:
Dankschreiben Kellers an den Stadtrat von Zürich
(nach Verleihung des Bürgerrechts der Stadt Zürich)

Die Problematik der Zugehörigkeit der Schweizer Bürger zu einer Gemeinde wird in dem Abschnitt „Die Heimatlosen" (S. 134f.) ausführlicher dargestellt. An dieser Stelle muss ledig-
5 *lich darauf hingewiesen werden, dass das Bürgerrecht neben den sozialen Vorteilen auch einen erheblichen wirtschaftlich-finanziellen Vorteil bieten kann, wenn die Gemeinde, deren Bürger man durch Geburt oder durch Verleihung des Bürgerrechts ist, reich ist, und Zürich war damals schon eine reiche Stadt.*
10 *Folgende Tatsache mag diese wirtschaftlichen Vorteile verdeutlichen: In den Siebzigerjahren des 20. Jahrhunderts konnte man – wie zu erfahren war – das Bürgerrecht der Gemeinde Saas Fee im Kanton Wallis für ca. fünfunddreißigtausend Schweizer Franken kaufen. Die Maßnahme diente dazu, die ge-*
15 *waltigen Ausgaben für die bessere Erschließung der Skigebiete durch die Metro Alpin zu finanzieren. Sie muss für anlagefreudige reiche Schweizer Bürger sehr interessant gewesen sein, d.h. für die folgenden Jahre eine reiche Rendite versprochen haben.*

Wie Keller auf die Verleihung des Bürgerrechts reagiert hat, ver-
20 *deutlicht der folgende Brief:*

Enge bei Zürich, 29. April 1878

An den Stadtrat Zürich:

Herr Stadtpräsident, hochgeachtete Herren! Es ist mir die
Ehre und Freude vergönnt, Ihnen den Empfang der Urkun-
de vom gestrigen Tag ergebenst anzuzeigen, laut welcher 5
die Bürgergemeinde von Zürich mir das Bürgerrecht der
Stadt schenkungsweise verliehen hat.
Wenn Gemeinde und Behörden meinen literarischen Versuchen gegenüber hiebei eine zu nachsichtige Anerken-
nung haben äußern wollen, so muss ich hinwieder mein 10
Dankgefühl für die erfahrene Auszeichnung durch den
Umstand verdoppeln, dass jeder Dichter mehr oder weniger das Produkt seiner Umgebung, der Verhältnisse ist, aus
denen er hervorgewachsen, so wie ich mir auch nicht ver-
hehlen kann, dass der Gegenstand meiner letzten Arbeit, 15
der die fraglichen Beschlüsse hervorgerufen zu haben
scheint, zu reicheren und bedeutenderen Leistungen sich
eignen würde, als sie in meinen leicht anstreifenden Bildern zu finden sind.

Ich habe mich stets als Angehöriger der Landschaft Zürich 20
glücklich gefühlt und, ohne der Anhänglichkeit an die
grundlegende Stadt und den Sinn für ihre geschichtliche
Bedeutung zu entbehren, kein Bedürfnis empfunden, gerade auch Bürger derselben zu heißen. Umso unbefangener
darf ich mich nun der freundlichen Aufnahme in Ihren Bür- 25
gerverband erfreuen und den hochlöblichen vorberaten-
den Behörden sowohl als der verehrlichen Gemeindeversammlung meinen aufrichtigen und herzlichen Dank
geziemend darzulegen.

Genehmigen Sie, Herr Stadtpräsident, hochgeachtete 30
Herren Stadträte, den Ausdruck meiner vollkommenen
Hochachtung und Ergebenheit.

Gottfried Keller

Aus: Briefe Gottfried Kellers, hrg. von Carl Helbling, Bd. 4. Zürich: Fretz & Was-
mut, 1942

2. Entstehungszusammenhang der Novelle und Reaktionen

Die Stoffwahl und Kellers Verhältnis zur Tradition

Die Quelle zu Kellers Novelle muss man nicht lange suchen: Shakespeares „Romeo und Julia". Der Anlass zum Schreiben ist ebenfalls rasch gefunden, eine Zeitungsnotiz aus der Zürcher Freitagszeitung vom 3. September 1847 vermerkt:

5 „Im Dorfe Altsellershausen bei Leipzig liebten sich ein Jüngling von 19 Jahren und ein Mädchen von 17 Jahren, beide Kinder armer Eltern, die aber in einer tödlichen Feindschaft lebten und nicht in eine Vereinigung des Paares willigen wollten. Am 15. August begaben sich die Verliebten in eine

10 Wirtschaft, wo sich arme Leute vergnügen, tanzten selbst bis nachts ein Uhr und entfernten sich hierauf. Am andern Morgen fand man die Leichen beider Liebenden auf dem Felde liegen; sie hatten sich durch den Kopf geschossen."

Damit, dass man Quelle und Schreibanlass benannt hat, ist

15 aber wenig getan. Entscheidend ist, was Keller aus seiner Quelle gemacht hat. Dass bei Keller die Handlungsträger nicht Mitglieder zweier Adelshäuser sind (vgl. die Inhaltsangabe von Shakespeares Stück), sondern zwei bäuerliche Familien, insbesondere das jeweilig einzige Kind aus diesen

20 beiden Familien, ist kein Zufall. Dahinter steht eine völlig andere Weltsicht. Im 19. Jahrhundert wird die Welt nicht mehr von den Adelsfamilien geprägt, die die Geschicke von Städten oder Ländern lenken, schon gar nicht in der Schweiz, sondern jetzt sind es andere Kräfte, die die ge-

25 sellschaftliche Entwicklung bestimmen. Auch ist bei Keller nicht ein unglücklicher Zufall (nämlich dass der von Bruder Lorenzo ausgesandte Bote Romeo nicht rechtzeitig erreicht) schuld am Untergang der beiden Liebenden wie bei Shakespeare, sondern dieser ist vorgezeichnet durch

30 das wirtschaftliche Elend, das den beiden jede Perspektive auf eine glückliche gemeinsame Zukunft verstellt. Wohl ist auch bei Keller das Zerwürfnis der elterlichen Familien da, aber nicht so nebulos wie bei Shakespeare, in dessen Drama keiner weiß, woher der gegenseitige Hass der Mon-

35 tagues und der Capulets eigentlich stammt. Bei Keller ist

der Grund des Streites klar zu erkennen: Es ist das latente, lange straflos geübte Unrecht der beiden Väter, die sich auf Kosten des Schwarzen Geigers bereichern wollen. Dieses Unrecht ist der eigentliche Grund für den wirtschaftlichen und sittlichen Untergang der beiden Familien. Der Streit 5 um den „Restacker" und die vorangegangene unsinnige Handlungsweise Martis („Manz: „Ich habe bemerkt, dass du neulich noch am unteren Ende des Ackers [...] schräg hineingefahren bist und ein gutes Dreieck abgeschnitten hast") sind nur das letzte auslösende Moment. 10
Dass Keller mit seiner Quelle so freizügig umgehen konnte, hat seinen Grund nicht nur in der veränderten sozialen Umwelt, sondern ist auch geprägt durch sein Verhältnis zur Tradition und zur „Originalität" eines Autors.
Nach Auffassung Kellers gibt es so gut wie keine Originalität, 15 alles war schon einmal da. An Hermann Hettner, mit dem er lange Jahre freundschaftlich verbunden war, schreibt er am 26.6.1854: „Und das Ganze des poetischen Stoffes befindet sich in einem merkwürdigen oder vielmehr sehr natürlichen immer währenden Kreislaufe. Es wäre der Mühe wert, ein- 20 mal eine Statistik des poetischen Stoffes zu machen und nachzuweisen, wie alles wirklich Gute und Dauerhafte eigentlich von Anfang an schon da war und gebraucht wurde, sobald nur gedichtet und geschrieben wurde". Und wenig später schreibt er: „Mit e i n e m Worte: Es gibt keine in- 25 dividuelle souveräne Originalität und Neuheit im Sinne der Willkürgenies und eingebildeten Subjektivisten (Beweis: Hebbel, der genial ist, aber weil er durchaus neusüchtig ist, so überaus schlechte Fabeln [d.h. Handlungsabläufe, Anm. d. Verf.] erfindet). Neu in einem guten Sinne ist nur, was 30 aus der Dialektik der Kulturbewegung hervorgeht." (In: Gesammelte Briefe, hrgg. von Carl Helbling, I. Benteli und Bern 1950–54, S. 398 ff.)
Bei einer solchen Einstellung zur Tradition, die ganz im Gegensatz zur herrschenden Strömung des Positivismus steht, 35 ist es auch nicht verwunderlich, dass Keller keine verbindlichen Regeln für Thematik und Gestaltung einer Novelle anerkennt. Seiner Auffassung nach werden die Regeln immer von den jeweils besten Exemplaren der jeweiligen Gattung abgeleitet. Man könnte daraus schließen wollen, dass Keller 40

den Anspruch erhebt, solche „jeweils besten Exemplare"
geliefert zu haben. Dass er über ein gesundes Selbstver-
trauen verfügt, zeigt eine Passage aus einem Brief
(25.6.1885) an seinen Verleger Vieweg: „Teils schreiben mir
5 meine Verhältnisse jeden Taler vor, den ich jetzo fordern
muss, und ich habe so noch Mühe, mich aus meinen Verhältnissen herauszuarbeiten, ohne in Schmiererei und Viel-
schreiberei hineinzugeraten, teils aber, *da man mich für ei-*
nen passablen Schriftsteller erklärt, wünsche ich auch als ein
10 *solcher taxiert zu werden"* (Gesammelte Briefe III, 1 S. 104 f.).
Kellers Anspruch, ein „passabler Schriftsteller" zu sein, ist
nicht ganz unbegründet, zumindest was „Romeo und Julia
auf dem Dorfe" angeht, eine Novelle, die in einer Vielzahl
von Auflagen, vor allem Einzelausgaben, erschienen ist und
15 – was noch bedeutungsvoller ist – eine Vielzahl von Über-
setzungen in europäischen Sprachen gefunden hat. Stell-
vertretend für die Gesamtstatistik seien hier nur die Auflagen der Novelle im Rahmen von Gesamtausgaben des
Zyklus „Die Leute von Seldwyla" aufgelistet:

20 1. Auflage: 1856 bei Vieweg; von 500 gedruckten Exemplaren waren 1874 noch nicht alle verkauft.
2. Auflage: 1873/74 bei Göschen in Stuttgart, jetzt um den
2. Teil des Zyklus erweitert.
3. Auflage: 1876; die kurze Zeitspanne zwischen der 2. und
25 der 3. Auflage zeigt, dass Keller beim Publikum
einen gewissen Durchbruch erzielt hat.
4. Auflage: 1883 bei Göschen.
5. Auflage: 1887 jetzt bei Hertz in Berlin.

Bei dem Verleger Hertz erscheint bereits 1889 die erste
30 *Gesamtausgabe* in zehn Bänden.

William Shakespeare: „Romeo und Julia"
(Inhaltswiedergabe)

Die vornehmen Veroneser Familien Montague und Capulet sind tödlich verfeindet. Romeo, Sohn Montagues,
nimmt maskiert an einem Fest im Hause der Capulets teil.
Er, der bis dahin unglücklich in die schöne Rosalinde ver-
5 liebt war, erlebt beim Anblick Julias, was wahre Leiden-

schaft ist. Nach dem Fest, auf dem die beiden jungen Menschen in heftiger Liebe zueinander entbrannt sind, hört Romeo unter Julias Fenster stehend, wie diese der Nacht das Geheimnis ihrer Liebe zu ihm anvertraut. Er erwirkt ihre Zustimmung zu einer heimlichen Vermählung. Am 5 nächsten Tag lassen sich die Liebenden von dem Franziskanermönch Bruder Lorenzo (Friar Lawrence) trauen. Mercutio, ein Freund Romeos, und Tybalt, der Neffe der Gräfin Capulet, den Romeos Anwesenheit auf dem Fest empört hat, geraten aneinander; Romeo kommt hinzu, begegnet je- 10 doch Tybalts Herausforderung mit versteckten Hinweisen auf ihr nunmehr verwandtschaftliches Verhältnis und weigert sich, gegen ihn zu kämpfen. Empört über so viel Versöhnlichkeit zieht Mercutio den Degen. Romeo versucht vergebens die Kämpfenden zu trennen, ver- 15 schafft aber damit Tybalt unfreiwillig Gelegenheit, Mercutio den Todesstoß zu versetzen. Nun lässt sich auch Romeo zum Kampf hinreißen und tötet Tybalt. Er wird verurteilt, in die Verbannung zu gehen, und nachdem er die Nacht bei Julia verbracht hat, verlässt er Verona am nächsten Tag, er- 20 mutigt von Bruder Lorenzo, der zu günstiger Zeit die Vermählung Romeos und Julias öffentlich verkünden will. Julia soll von ihrem Vater gezwungen werden, den Grafen Paris zu heiraten, und selbst die Amme, die zuvor ihre Vereinigung mit Romeo begünstigt hatte, rät ihr zu gehorchen. 25 Dem Rat Bruder Lorenzos folgend willigt sie zum Schein ein. Sie soll am Vorabend der Hochzeit einen Betäubungstrank zu sich nehmen, der sie in einen vierzigstündigen, todesähnlichen Schlaf versenken wird; der Frater selbst will Romeo Nachricht senden, der dann Julia aus dem Grab 30 befreien und nach Mantua entführen soll. Der Plan wird ausgeführt, doch die Botschaft erreicht Romeo nicht, da der Bote als pestverdächtig festgehalten wird; statt dessen erhält Romeo die Kunde vom Tod Julias. In seiner Verzweiflung verschafft er sich ein starkes Gift und begibt sich zum 35 Grab Julias, um die Geliebte ein letztes Mal zu sehen. Vor der Gruft trifft er mit dem Grafen Paris zusammen, den er im Zweikampf tötet. Nachdem er Julia zum letzten Mal geküsst hat, nimmt er das Gift. Als Julia erwacht, findet sie Romeo tot an ihrer Seite, begreift, was geschehen ist, und 40 erstickt sich. Erschüttert von der Tragödie, die ihr Hass heraufbeschworen hat, versöhnen sich die Häupter der beiden feindlichen Familien.

Aus: Kindlers Literatur Lexikon 1974, S. 3351 – 3352

„Romeo und Julia auf dem Dorfe" im Zusammenhang des Novellenzyklus „Die Leute von Seldwyla"

„Romeo und Julia auf dem Dorfe" ist Teil eines Novellenzyklus mit dem Titel „Die Leute von Seldwyla". Diese Sammlung umfasst folgende Novellen:
Im Band I: Pankraz der Schmoller, Romeo und Julia auf
5 dem Dorfe; Frau Regel Amrain und ihr Jüngster; Die drei gerechten Kammmacher; Spiegel, das Kätzchen.
Im Band II: Kleider machen Leute, Der Schmied seines Glücks, Die missbrauchten Liebesbriefe, Dietegen, Das verlorene Lachen.

10 Im Mittelpunkt jeder Novelle aus diesem Zyklus steht ein besonderes Schicksal, teils hervorgerufen durch einen ungewöhnlichen Charakterzug, der den Helden in Konflikt mit seiner Umwelt bringt, teils hervorgerufen durch widrige äußere Umstände.
15 Da ist Pankraz, der als Kind und Heranwachsender nie lachen konnte und sich weigert, etwas Sinnvolles zu tun oder zu lernen. Da ist Frau Regel (Regula) Amrain, die die Schwächen der Bewohner Seldwylas wohl erkennt und versucht, ihren Jüngsten zu einem lebenstüchtigen Mann heran-
20 zuziehen. Die drei gerechten Kammmacher lieben ein und dasselbe Mädchen. Die Entscheidung darüber, wer um sie werben darf, kann natürlich nur auf eine außergewöhnliche Art und Weise getroffen werden, wie es sich für Seldwyla geziemt. In dem abschließenden „Märchen" von Spiegel,
25 dem Kätzchen, wird den Seldwylern, und damit dürfte wohl auch ein großer Teil der Landsleute Kellers gemeint sein, in märchenhafter Weise der Spiegel vorgehalten.
Die erste Novelle des zweiten Teiles des Zyklus erzählt von dem armen Schneidergesellen Wenzel Strapinski, der

in Seldwyla Arbeit und Lebensunterhalt verliert, dafür aber in Goldach sein Glück findet und am Ende wie ein Märchenprinz dasteht. Der Schmied seines Glücks, John Kabys, glaubt – wie das fast alle Seldwyler tun – auf redliche Arbeit verzichten und sein Glück durch einige – wie er meint ₅ – unerhört geistreiche „Meisterschläge" machen zu können. Erst nachdem alle Glücksträume zerstoben sind, gelangt er zu der Einsicht, dass das wahre Glück nur in rechtschaffener Arbeit zu finden ist.

Viggi Störteler kommt in den „Missbrauchten Liebesbrie- ₁₀ fen" auf die für einen Seldwyler gar nicht abwegige Idee, seine in der Fremde erworbene „Bildung" dadurch unter Beweis zu stellen, dass er seine Frau zwingt, ihm romantische Liebesbriefe zu schreiben, was seine Ehe an den Rand des Abgrunds führt. „Dietegen" bietet im Gefolge einer ₁₅ Chronik aus dem 15. Jahrhundert eine Schauergeschichte, in der das übertriebene Priester- und Mönchswesen satirisch dargestellt wird. Man könnte meinen, dass Keller in der abschließenden Novelle „Das verlorene Lachen" einen Ausgleich habe schaffen wollen, indem er jetzt die protes- ₂₀ tantischen reformtheologischen Bestrebungen in Zürich geißelt.

Was das Städtchen Seldwyla angeht, kann der Dichter selbst sprechen. Er beginnt seinen Zyklus mit den Sätzen: „Seldwyla bedeutet nach der älteren Sprache einen won- ₂₅ nigen und sonnigen Ort, und so ist auch in der Tat die kleine Stadt dieses Namens irgendwo in der Schweiz gelegen. Sie steckt noch in den gleichen alten Ringmauern und Türmen wie vor dreihundert Jahren und ist also immer das gleiche Nest; die ursprüngliche tiefe Absicht dieser ₃₀ Anlage wird durch den Umstand erhärtet, dass die Gründer der Stadt dieselbe eine gute halbe Stunde von einem schiffbaren Flusse angepflanzt, zum deutlichen Zeichen, dass nichts daraus werden solle. Aber schön ist sie gelegen, mitten in grünen Bergen, die nach der Mittagsseite zu ₃₅ offen sind, sodass wohl die Sonne hereinkam, aber kein raues Lüftchen. Deswegen gedeiht auch ein ziemlich guter Wein rings um die alte Stadtmauer, während höher hinauf an den Bergen unabsehbare Waldungen sich hinziehen, welche das Vermögen der Stadt ausmachen; denn dies ist das Wahrzeichen und sonderbare Schicksal derselben, dass die Gemeinde reich ist und die Bürgerschaft arm, und zwar so, dass kein Mensch zu Seldwyla etwas hat und niemand weiß, wovon sie seit Jahrhunderten eigentlich leben. Und sie leben sehr lustig und guter Dinge, halten die Gemütlichkeit für ihre besondere Kunst, und wenn sie irgendwo hinkommen, wo man anderes Holz brennt, so kritisieren sie zuerst die dortige Gemütlichkeit und meinen, ihnen tue es doch niemand zuvor in dieser Hantierung."

Weiter heißt es dann von den Bewohnern, dass der Seldwyler in seiner „guten Zeit", d.h. im Alter zwischen etwa 20 und 36 Jahren, in Saus und Braus lebt, ohne etwas Vernünftiges zu arbeiten, nur aufgrund eines florierenden Kreditsystems, bei dem alle mitspielen. Wenn einer einmal nicht mitspielt, wie der ehemalige Schneidergeselle, jetzt Tuchherr (d.h. Schneidermeister) Wenzel Strapinski, dann wird ihm Ausbeutung vorgeworfen: „Denn um neue, noch schönere Sachen zu erhalten, welche er kommen oder anfertigen ließ, mussten sie ihm das Frühere bezahlen, sodass sie untereinander klagten, er presse ihnen das Blut unter den Nägeln hervor."

Schlimm ergeht es aber denjenigen, die nicht rechtzeitig in die Fremde gehen können, um sich dort ihren Lebensunterhalt zu verdienen, sondern zu Hause, in Seldwyla, alt werden. Sie müssen dann nachträglich arbeiten lernen, „und zwar jene krabbelige Arbeit von tausend kleinen Dingen, die man eigentlich nicht gelernt, für den täglichen Kreuzer, und die alternden verarmten Seldwyler mit ihren Weibern und Kindern sind die emsigsten Leutchen von der Welt, nachdem sie das erlernte Handwerk aufgegeben, und es ist rührend anzusehen, wie tätig sie dahinter her sind, sich die Mittelchen zu einem guten Stück Fleisch von ehedem zu erwerben". Dabei verlieren sie ihre gute Laune selten; wenn einmal allzu große Geldnot herrscht, behelfen sie sich durch politischen Umtrieb. „Wenn sie eine recht verrückte Motion ausgeheckt haben und durch ihr Großratsmitglied [d.h. ihren Abgeordneten im Bundesparlament, Anm. d. Verf.] [den entsprechenden Antrag haben] stellen lassen oder wenn der Ruf nach Verfassungsänderung in Seldwyla ausgeht, so weiß man im Lande, dass im Augenblick dort kein Geld zirkuliert."

Man möchte meinen, dass eine Novelle wie „Romeo und Julia auf dem Dorfe" überhaupt nicht in diesen Zyklus hineinpassen wolle, da sie als Einzige mit dem Freitod der Liebenden tragisch endet. Und doch sind die Zusammenhänge mit Seldwyla nicht zu übersehen. Es ist nicht nur die Tatsache, dass das Heimatdorf Vrenchens und Salis nur so weit von Seldwyla entfernt ist, dass Sali den Weg von Seldwyla zu Vrenchen und zurück bequem an einem Tag zurücklegen kann, oder dass Manz nach seinem Bankrott als Bauer nach Seldwyla übersiedeln muss, um dort als Spelunkenwirt sein Leben zu fristen. Es ist insbesondere der ‚Geist Seldwylas', der – anfänglich völlig unbemerkt – auch über den Dächern von Vrenchens und Salis Heimatdorf liegt, sich in dem – von allen Bewohnern geduldeten – gesetzlosen schrittweisen Aneignen des Ackers des Schwarzen Geigers erstmals manifestiert und in dem Kampf der beiden Bauern um den verbliebenen armseligen Rest des Ackers offen ausbricht. Georg Lukács nennt dies den ‚dialektischen Wendepunkt' der Novelle: „Was ist darunter zu verstehen? Keller gibt hierauf in seiner Novelle ‚Romeo und Julia auf dem Dorfe' eine klare Antwort. Er schildert dort, wie zwei wohlhabende Bauern durch immerwährendes Wegpflügen von einem zwischen ihren Feldern liegenden Acker, dessen rechtlicher Besitz unbestimmt ist, in nächste Nachbarschaft geraten. Jetzt entsteht zwischen ihnen ein Kampf um den vollständigen Besitz des von jedem unrechtmäßig angeeigneten Gutes. In diesem Kampf richten sie sich nun gegenseitig zugrunde. Keller sagt mit Recht, dass dies ein ganz alltäglicher Vorgang sei. Nur weil beide mit äußerster Hartnäckigkeit bis ans Ende gehen, entsteht daraus eine novellistisch wunderbare Begebenheit, indem gerade durch die überdurchschnittliche Zuspitzung des Einzelfalles die typischen gesellschaftlich-moralischen Bestimmtheiten des ganzen Problemkomplexes sinnlich konzentriert und klar hervortreten". (Georg Lukács: Gottfried Keller und die Novelle,

1939. Zitiert nach Josef Kunz: Die Novelle. Darmstadt, 2.
Aufl. 1973, S. 222/223, Wege der Forschung Bd. LV)

Reaktionen

Das Geschehen der Novelle, besonders das Geschehen
auf dem den Fluss hinabtreibenden Heuschiff, die „gottes-
lästerliche Hochzeit" und der anschließende Freitod der
Liebenden, haben dem Autor den Vorwurf eingebracht, er
5 habe in seiner Novelle die „freie Liebe", d.h. den nicht
durch Pfarrer oder Priester abgesegneten „ehelichen Verkehr" oder gar den Selbstmord verherrlichen wollen. Ein
gewisser Conrad Wilhelm Kambli (in seinem Werk: Gottfried Keller nach seiner Stellung zu Religion, Christentum,
10 Kirche, Theologie und Geistlichkeit, St. Gallen 1891, S. 3 f.)
wütet gegen Keller: „Den cynischen Schluss tadeln wir. [...]
Tragisch musste der Ausgang sein; aber warum nicht das
Liebespaar untergehen lassen in dem Augenblick, da sie
das Heuschiff besteigen wollen [...]? Warum dem Leser zu-
15 muten, sich vorzustellen, was noch vorgegangen von jenem Augenblick an bis zu dem, da sie ins Wasser gleiten?"
(Zitiert nach: Erläuterungen und Dokumente zu G. Keller,
Romeo und Julia auf dem Dorfe, Reclam UB 8114, S. 55)
Georg Brandes, der die Novelle ins Dänische übersetzt
20 hatte, schreibt (Erl. und Dokumente, S. 50/51): „Ich wurde
beschuldigt, die ‚freie Liebe' in Dänemark einführen zu
wollen, die zwei Novellen wurden so verschrien, dass keine Dame sie zu kaufen wagte, ja dass der Verleger sie
nicht avertieren[1] wollte, und erst in diesem Jahr sie wieder
25 zum Verkauf angezeigt hat" (Brief aus 1884). „Besonders
stürzten sich die Rezensenten über die ‚Unsittlichkeit' Kellers her. Der Umstand, dass in ‚Romeo und Julia' die beiden jungen Menschen, nachdem sie sich ein einziges Mal
umarmt haben, in ihrer Armut und Aussichtslosigkeit sich
30 von dem Heuschiff in den kalten Fluss hinuntergleiten lassen, versetzte die Rezensenten in ein Delirium, das sich
der Leserwelt mitteilte. Die Novellen ‚predigten die freie
Liebe', welche diese Journalisten, die privat ohne Ausnah-

---

[1]   anzeigen, bewerben

me wie frohe Paviane lebten, öffentlich immer perhorres-
zierten[1]. Die Novellen ‚predigten obendrein die Berechti-
gung des Selbstmords' und zwar in einem Lande, wo
Selbstmord so häufig vorkam". (Brief aus 1919)

In diesem Zusammenhang schreibt Ferdinand Weibert, [5]
der Leiter des Göschen-Verlages, am 31. Dezember 1875
an Keller (Erl. u. Dok. S. 51/52): „Das Erscheinen einiger
Ihrer Erzählungen in dänischer Übersetzung ist mir angezeigt worden, doch wusste ich nichts von dem Aufruhr,
den sie angerichtet. Darüber kann man sich indessen trös- [10]
ten und ich glaube, gerade das Hetz Hetz wird dem Büch-
lein rascheren Absatz geben als sonst. Die einen werden
es lesen, um es verfluchen zu können, die anderen, um
heimlich ihre Schadenfreude am Ärger der Schwarzen[2] zu
haben. Bei uns ist es doch kaum besser. Unsere Mucker [15]
und Pietisten[3] stehen auf demselben Standpunkte, und
wenn sie die Macht hätten, so würden sie gerne darauf
losdonnern. So machen sie die Faust im Sack".

Um ein eingehenderes Verständnis der Situation Salis und
Vrenchens zu ermöglichen, erscheint es nötig, herauszu- [20]
stellen, dass die Liebenden an dem Schicksal, das sie betroffen hat, keinerlei Schuld trifft. Ein Beleg aus dem Text
mag das schon für den Anfang der (Liebes-)Beziehung zwischen den beiden zeigen: „Doch der alte Manz kam gegen
Abend herbei, um zu sehen, was sie ausgerichtet, und ob- [25]
gleich sie fertig waren, schalt er doch ob dieser Lustbarkeit und scheuchte die Gesellschaft auseinander. Zugleich
zeigte sich Marti auf seinem Grund und Boden, und seine
Tochter gewahrend pfiff er derselben schrill und gebieterisch durch den Finger, dass sie erschrocken hineilte, und [30]
er gab ihr, ohne zu wissen, warum, einige Ohrfeigen, also
dass beide Kinder in großer Traurigkeit und weinend nach
Hause gingen, und sie wussten jetzt eigentlich so wenig,

---

[1] verteufelten
[2] d.h. der Priester und Pfarrer
[3] Heuchler und besonders Fromme

warum sie so traurig waren, als warum sie vorhin so vergnügt gewesen; denn die Rauheit der Väter, an sich ziemlich neu, war von den arglosen Geschöpfen noch nicht begriffen und konnte sie nicht tiefer bewegen."

5 In der Sekundärliteratur wird weitgehend der soziale Abstieg der Bauern durch die allgemeinen wirtschaftlichen Veränderungen im Lande erklärt. Dies ist natürlich nicht völlig falsch; aber ebenso wichtig ist es, die persönliche Schuld der beiden Bauern zu erkennen. Es ist wohl richtig, 10 dass „die meisten Menschen fähig oder bereit [sind], ein in den Lüften umgehendes Unrecht zu verüben, wenn sie mit der Nase darauf stoßen", aber diese Feststellung übersieht, dass die Menschen nicht nur von allgemeinen Strömungen, „Trends", geleitet werden, sondern auch von einer inneren 15 Stimme, mag man sie Gewissen oder anders nennen, sofern sie sich noch einen Rest von Rechtsgefühl bewahrt haben. Bei Manz und Marti aber ist es die Habgier, die sie blind macht für das Unrecht, das sie begehen, und vor allem für die Folgen ihres Tuns.

3. Literarischer und philosophischer Hintergrund

Realismus und Volkstümlichkeit bei Gottfried Keller

Gottfried Kellers Novelle entstand in der literarischen Epoche des Realismus. Der Begriff Realismus wird vielfach missverstanden als möglichst naturgetreue Abbildung der Wirklichkeit, der Realität. Eine solche Abbildung kann – wenn sie überhaupt möglich ist – höchstens vom Naturalismus geliefert werden. 5
Die nachstehenden drei Texte können die unterschiedlichen Zielsetzungen von Realismus und Naturalismus erläutern. Der erste Text ist die Bühnenanweisung, die Gerhart Hauptmann seiner „Diebskomödie" „Der Biberpelz" voranstellt, und verdeutlicht eine naturalistische Literaturauffassung. 10
Der zweite Text stammt aus einer Rezension (Besprechung) der „Leute von Seldwyla" durch Berthold Auerbach (eigentlich: Moses Baruch Auerbacher), dessen „Schwarzwälder Dorfgeschichten" 1884 in zehn Bänden erschienen. Auerbach war einer der am meisten gelesenen Schriftsteller der zweiten Hälfte 15 *des 19. Jahrhunderts.*
Der danach folgende Text von Georg Lukács behandelt das Verhältnis von Volkstümlichkeit und dem dichterischen Werk Gottfried Kellers.

Gerhart Hauptmann: Naturalismus – Das Milieu formt den Menschen

„Kleiner, blau getünchter, flacher Küchenraum mit niedriger Decke; ein Fenster links; eine roh gezimmerte Tür ins Freie führend rechts; eine Tür mit ausgehobenem Flügel mitten in der Hinterwand. – Links in der Ecke der Herd, darüber an der Wand Küchengerät am Rahmen, rechts in 5 der Ecke Ruder und Schiffereigerät; gespaltenes Holz, so genannte Stubben, unter dem Fenster in einem Haufen. Eine alte Küchenbank, mehrere Schemel usw. usw. – Durch den leeren Türrahmen der Hinterwand blickt man in einen

zweiten Raum. Darin steht ein hoch gemachtes, sauber be-
decktes Bett, darüber hängen billige Fotografien in noch
billigeren Rahmen, Öldruckköpfe im Visitenkartenformat
usw. Ein Stuhl aus weichem Holz ist mit der Lehne gegen
5 das Bett gestellt. – Es ist Winter, der Mond scheint. Auf
dem Herd in einem Blechleuchter steht ein brennendes
Talglicht. Leontine Wolff ist auf einem Schemel am Herd,
Kopf und Arme auf der Herdplatte, eingeschlafen. Sie ist
ein siebzehnjähriges, hübsches, blondes Mädchen in der
10 Arbeitstracht eines Dienstmädchens. Über die blaue Kat-
tunjacke hat sie ein dickes, wollenes Brusttuch gebunden.
– Einige Sekunden bleibt es still, dann hört man, wie jemand bemüht ist, von außen die Tür aufzuschließen, in der
jedoch von innen der Schlüssel steckt. Nun pocht es."

Zitiert nach: G. Hauptmann: Der Biberpelz. Frankfurt/M. u.a.: Ullstein Theater
Texte, 1959, S. 7

Berthold Auerbach: Realismus – Der Mensch nimmt die Realität wahr, bewahrt aber seine Unabhängigkeit

„Der gesunde Realismus ist die Freude an der Welt, an der
wirklichen Welt, wo sich immer aus der Erkenntnis auch
die Schönheit und Gesetzmäßigkeit offenbart. Der Idealismus, der den Dingen sein subjektives und vorgefasstes
5 Programm einprägen, Bedingungen setzen will, statt die
gesetzten zu erfassen, hat die Schwärmerei und Blasiertheit zu Zwillingssöhnen. Es kann als paradox erscheinen,
dass ich auch die Blasiertheit in das Reich des Idealismus
verweise, aber ist die verdrossene, inmitten des vollen Le-
10 bens verstimmt sich ausnehmende Leerheit der Empfindung etwas anderes als ein unberechtigtes Zumutungen-
stellen an die gegebene Welt? Auch der sogenannte
Weltschmerz, der so lange als ein Unhold die Geister be-
drückte und in die nächtigen Rätsel des Daseins bannte,
15 hatte sich mit dem subjektiven Idealismus verbunden; und
erst am Tage, da man sich auf die wirkliche Welt besann,
und, im weitesten Sinne naturforschend, auf Erkenntnis
des konkreten Lebens und der innewohnenden Pflichten
und Gesetze drang, verwandelte er sich in Weltfreude.
20 Selbst die Dissonanz, die sich in tragischen Bestimmungen

findet, gewinnt ihre Lösung in Erkenntnis und Durchdringung der gesetzten Bedingungen.

Der gesunde Realismus ist die Freude an der Welt, und ein Werk dieser Freude ist das oben bezeichnete von Gottfried Keller. Es ist ein Produkt der *realistischen Dichtung,* [5] und schon indem man diese beiden Worte in einen Begriff fasst, sollte alsbald erkannt sein, dass hier weder Realistik – die bloße gemeine Wirklichkeit allein – noch auch die Dichtung allein, als reine Fantastik gedacht, dem Werke seinen Ursprung gab. [10]

Schon durch die Bestimmung der Örtlichkeit, in welcher Gottfried Keller die Erzählungen vorgehen lässt, bekundet sich die Immanenz der beiden genannten Begriffe in ein und derselben Substanz. ‚Seldwyla', sagt er in der Einleitung, ‚Seldwyla bedeutet nach der ältern Sprache einen wonni- [15] gen und sonnigen Ort, und so ist auch in der Tat das Städtchen dieses Namens gelegen irgendwo in der Schweiz'. Mit diesem ‚irgendwo in der Schweiz' ist Freiheit und Begrenzung, Realistik und Fantasie genau bezeichnet. Der Dichter behält die Freiheit einer komponierten Landschaft, aber die [20] Formationen, die sind gegeben, und je nach Bodenbeschaffenheit die daraus hervorgesprossenen Pflanzen. Der Dichter ist durch sein ‚irgendwo' nicht beengt in der freien Behandlung von Landschaftlichkeit und Persönlichkeit und ist doch wiederum gebunden an bestimmte Lebensbeziehun- [25] gen durch das ‚in der Schweiz'. Und diese Gedoppeltheit, oder vielmehr diese Vereinigung zweier Faktoren, diese Beschränkung und Schrankenlosigkeit zeigt sich in dem ganzen Buch auf die vorteilhafteste Weise".

Zitiert nach: G. Keller, Romeo und Julia auf dem Dorfe, hrg. von Jürgen Hein = Erläuterungen und Dokumente, Reclam UB 8114

Georg Lukács: Realismus – eine ethische Haltung des Menschen

„Diese Ablehnung von Tendenzen, die volkstümlich zu sein meinen, wenn sie Volk und große Literatur künstlich voneinander trennen, die die echte Lebendigkeit, echte Volkstümlichkeit der großen Kunst nicht sehen und zugleich blind für die großen Möglichkeiten im Volksleben sind, ist [5]

aber bei Keller nicht nur eine Abwehr des Provinzialismus, sondern zugleich eine Verteidigung gegen die dekadente Überfeinerung und Absperrung der Literatur vom Leben. Keller untersucht immer wieder ihre ständige Wechselwir-
5 kung, das Hinaufsteigen der fruchtbaren Elemente in die höchste Literatur und das Befruchtetwerden des Volkslebens durch das Hinuntersteigen dieser Werke in das Volk. [...]
Bei der Entstehung dieses Realismus ist Feuerbach der
10 entscheidende Erzieher Kellers gewesen. Vor allem dadurch, dass er in Keller jede Jenseitigkeit, alles, was über die Wirklichkeit hinausgeht, vernichtet hat. Der Anschluss an Feuerbach bedeutet also für Keller in erster Linie das Wegwerfen aller falschen Poesie; aller Poesie, die das Le-
15 ben von außen schmücken soll, nicht aber aus dem Leben selbst herauswächst. Keller ist im Allgemeinen gegen Überreste religiöser Anschauungen, wenn sie nur in den betreffenden Menschen subjektiv ehrlich und ohne Heuchelei weiterleben, sehr duldsam. [...] Mit dieser kämpferi-
20 schen Diesseitigkeit in der Kunst hat die Philosophie Feuerbachs Keller in die schriftstellerischen Bahnen Goethes geführt. So wird die kellersche Epik zu einer Poesie des wirklichen, sinnlichen Lebens. Aber diese Poesie führt nicht dazu, an den kleinlichen Tatsächlichkeiten zu kleben."

Aus: Georg Lukàcs: Gottfried Keller. In: Deutsche Literatur in zwei Jahrhunderten. Neuwied und Köln 1964, zitiert nach: G. Keller, Romeo und Julia auf dem Dorfe, hrg. von Jürgen Hein. Stuttgart: Reclam

Fontanes Kritik: Der Bruch zwischen Realismus und Märchenton (1875)

[...] Alle diese Erzählungen – allenfalls mit Ausnahme von einer – sind reizend zu lesen. Sie bewegen uns das Herz, wir begleiten sie unter Weinen und Lachen, überall sprechen Liebe, Sorgfalt und ein durchaus originaler Dichter-
5 geist zu uns. Nichts komischer als solchen Arbeiten gegenüber vom Verfall deutscher Dichtung, von der Oberflächlichkeit moderner Produktion sprechen zu hören! Das Umgekehrte ist richtig; nie ist sauberer, sorglicher, liebevoller gearbeitet worden. Dabei nichts von Scha-

blone. Jede einzelne Erzählung ist wieder ein Ding für sich. Alles hat freilich eine Familienähnlichkeit, weil es derselben eigenartigen Natur entsprossen ist; nichtsdestoweniger sind sie untereinander nicht zu verwechseln. [...] Es sind Sachen durchaus ersten Ranges, wahre Schätze un- 5 serer Erzählungsliteratur, aber nach der *formalen* Seite hin sind einige stark angreifbar. Einige der besten und am meisten bewunderten sind *stillos,* und dies bis zu einem so hohen Grade, dass für denjenigen, der überhaupt ein Ohr für solche Dinge hat, die Wirkung darunter leidet. Dies gilt na- 10 mentlich von „Romeo und Julia auf dem Dorfe". [...] Gottfried Keller, und dies erklärt alles, ist au fond[1] ein Märchenerzähler. Was nach dieser Seite hin liegt, ist mustergültig, wenigstens in den meisten Fällen. Er erzählt nicht aus einem bestimmten Jahrhundert, kaum aus einem be- 15 stimmten Lande, gewiss nicht aus ständisch gegliederten und deshalb sprachlich verschiedenen Verhältnissen heraus, sondern hat für seine Darstellung eine *im Wesentlichen sich gleich bleibende Märchensprache,* an der alte und neue Zeit, vornehm und gering gleichmäßig partizipieren. Historie, 20 Kultur- und Sittengeschichte kümmern ihn nicht; er ordnet alles einem poetischen Einfall, der auf ihn selber wirkte und von dem er sich deshalb auch Wirkung auf andere verspricht, unter und legt sich nicht die Frage vor, ob all das, an gegebenem Ort und zu gegebener Zeit, überhaupt 25 möglich war. [...] Etwas anders, aber doch auch wieder verwandt, liegen die Dinge in „Romeo und Julia auf dem Dorfe". Hier wird historisch nicht gesprudelt[2], aber der Effekt dieser wundervollen Erzählung doch dadurch beeinträchtigt, dass die ers- 30 te Hälfte ganz in Realismus, die zweite Hälfte ganz im Romantizismus steckt; die erste Hälfte ist eine das echteste Volksleben bis ins Kleinste hinein wiedergebende Novelle, die zweite Hälfte ist, wenn nicht ein Märchen, so doch durchaus märchenhaft. Und warum? Weil dieser Mär- 35 chenton leichter zu treffen ist als der der Wirklichkeit. Wer nicht ganz mit und unter dem Volke gelebt hat, hat

---

[1]   im Grunde
[2]   mogeln, pfuschen

diesen Ton auch nicht, er muss ihn sich also aus diesen und jenen Reminiszenzen aufbauen. Dies mit zwei alten störrigen Bauern zu tun, glückt einem Talent wie dem kellerschen, den *wirklichen* Ton eines sechzehnjährigen Dorfmäd-
5 chens und eines zwanzigjährigen Bauernburschen zu treffen ist aber fast unmöglich, und so muss der Märchenton aushelfen. [...]
Eine auf den ersten fünfzig Seiten realistische Geschichte darf [...] auf den letzten fünfzig nicht romantisch sein. Da-
10 durch kommt ein Bruch in das Ganze, der stört und verwirrt. [...]

Theodor Fontane: Die Leute von Seldwyla. In: Nymphenburger Taschenbuch-Ausgabe, Band 14. 1969 Nymphenburger Verlagshandlung, München: S. 213 – 215. Ausschnitte. Zitiert nach: Gottfried Keller: Romeo und Julia auf dem Dorfe. Stuttgart: Ernst Klett Verlag 1980, S. 111 – 113.

Briefe an Wilhelm Baumgartner

Wenn Keller Probleme irgendwelcher Art hatte, seien es familiäre, literarische oder sonstige, dann pflegte er sie seinem Freunde Baumgartner mitzuteilen, in der Hoffnung, dass dieser ihm einen Rat geben könne, oder auch einfach nur um sich das
5 *Problem 'von der Seele zu schreiben'. In den beiden Briefen, die hier auszugsweise abgedruckt sind, geht es Keller darum, seinen „Anschluss an Feuerbach" zu erklären und die Konsequenzen daraus für sein literarisches Schaffen deutlich zu machen.*

Aus einem Brief vom 28. Januar 1849:

10 „Für mich ist die Hauptfrage die: Wird die Welt, wird das Leben prosaischer und gemeiner nach Feuerbach?[1] Bis jetzt muss ich des Bestimmtesten antworten: Nein! Im Gegenteil, es wird alles klarer, strenger, aber auch glühender und sinnlicher. – Das Weitere muss ich der Zukunft
15 überlassen, denn ich werde nie ein Fanatiker sein und die geheimnisvolle schöne Welt zu allem Möglichen fähig halten, wenn es mir irgend plausibel wird."

[1] Ludwig Feuerbach: deutscher Philosoph, 1804 – 1872. Seine Philosophie wird allgemein als atheistisch bezeichnet.

Brief vom 27. Mai 1851

„Sehr gefreut hat mich die Art, wie du meinen Anschluss
an Feuerbach aufgenommen hast, und ich erkenne daraus,
dass du die Sache im rechten Lichte ansiehst. Wie trivial erscheint mir gegenwärtig die Meinung, dass mit dem Aufge- 5
ben der sogenannten religiösen Ideen alle Poesie und er-
höhte Stimmung aus der Welt verschwinde! Im Gegenteil!
Die Welt ist mir unendlich schöner und tiefer geworden,
das Leben ist wertvoller und intensiver, der Tod ernster,
bedenklicher und fordert mich nun erst mit aller Macht 10
auf, meine Aufgabe zu erfüllen und mein Bewusstsein zu
reinigen und zu befriedigen, da ich keine Aussicht habe, das
Versäumte in irgendeinem Winkel der Welt nachzuholen.
Es kommt mir nur darauf an, wie man die Sache auffasst;
man kann für den sogenannten Atheismus[1] ebenso schöne 15
und sentimentale Reden führen, wenn dies einmal Bedürfnis ist, als für die Unsterblichkeit usf., und diejenigen Tröpfe, welche immer von höheren Gefühlen sprechen und unter Atheismus nichts weiter als rohen Materialismus[2] zu
verstehen imstande sind, würden freilich auch als Atheis- 20
ten[3] die gleichen grob sinnlichen und eigensüchtigen Ben-
gel bleiben, die sie als „höhere" Deisten[4] schon sind. Ich
kenne solche Herren! Indessen bin ich weit entfernt, into-
lerant zu sein und jeden, der an Gott und Unsterblichkeit
glaubt, für einen kompletten Esel zu halten, wie es die 25
Deutschen gewöhnlich tun, sobald sie über dem Rubikon[5]
sind. Es mag manchen geben, der die ganze Geschichte der

---

[1] Der Atheismus leugnet die Existenz eines göttlichen Wesens, das in
irgendeiner Weise das Schicksal der Menschen beeinflusst.
[2] In der materialistischen Weltanschauung zählt nur die „Materie",
d.h., jede ideelle, göttliche oder sonstige Einflussnahme auf den
Menschen wird geleugnet.
[3] Vertreter des Atheismus
[4] Deisten sind Vertreter des Deismus. Dieser leugnet zwar die Existenz Gottes nicht, erklärt aber, dass Gott nach Beendigung des
Schöpfungswerks keinen weiteren Einfluss auf die Menschen nehme.
[5] Der Rubikon (Rubico) war der Grenzfluss zwischen Italia, dem
Kernland des römischen Imperiums, und der gallischen Provinz. Als
Caesar 49 v. Chr. mit seinem Heer den Rubico überschritt, war

Philosophie und selbst Feuerbach gründlicher studiert hat
und versteht, wenigstens formell, als ich und doch ein eifriger Deist ist, so wie ich mehr als einen ehrlichen Hand-
werksmann kenne, der den Teufel was von Philosophie
5 kennt und doch sagt: Ich kann in Gottsnamen einmal nicht
an dergleichen Dinge glauben! Tot ist tot! Daher kommt
es, obgleich nach und nach alle Menschen zur klaren Erkenntnis kommen werden, einstweilen noch auf die innere
Organisation und viele äußere Zustände an. Ich möchte
10 daher auch nichts von grobem Hohne und gewaltsamer
Aufdringlichkeit wissen. Nur für die Kunst und Poesie ist
von nun an kein Heil mehr ohne vollkommene geistige
Freiheit und ganzes glühendes Erfassen der Natur ohne alle Neben- und Hintergedanken, und ich bin fest überzeugt,
15 dass kein Künstler mehr eine Zukunft hat, der nicht ganz
und ausschließlich sterblicher Mensch sein will. Daher ist
mir auch meine neuere Entwicklung und Feuerbach für
meine dramatischen Pläne und Hoffnungen weit wichtiger
geworden als für alle übrigen Beziehungen, weil ich deut-
20 lich fühle, dass ich die Menschennatur nun tiefer zu durch-
dringen und zu erfassen befähigt bin. Jedes dramatische
Gedicht wird umso reiner und konsequenter sein, als nun
der letzte *Deus ex Machina*[1] verbannt ist, und das abge-
brauchte Tragische wird durch den wirklichen und vollen-
25 deten Tod einen neuen Lebenskeim gewinnen."

Ursprünglicher Schluss der Novelle
(aus der Erstfassung von 1856)

*Keller stand bei der Abfassung dieses ursprünglichen Schlusses
der Novelle ganz offensichtlich unter dem starken Einfluss Feuerbachs. Im Schlussabschnitt seines Hauptwerkes „Das Wesen
des Christentums" (vgl. die Texte S. 126ff.) setzt sich Feuerbach*

---

das der Beginn des Bürgerkriegs zwischen ihm und Pompejus.
Caesar soll dabei ausgerufen haben: „alea iacta est" – der Würfel
ist gefallen.

[1] Mit dem Begriff „deus ex machina" wurde in der antiken Bühnen-
technik die Erscheinung eines Gottes bezeichnet (der z.B. mittels
einer Seilwinde aus der Luft auf die Bühne schwebte), der einen
unheilbar verworrenen Konflikt durch seinen Machtspruch klärte.

mit der seiner Meinung nach verkehrten Moral auseinander, die zu Verlogenheit, zu Heuchelei führt. Dort heißt es u.a.: „Nur die Ehe ist eine religiöse, die eine wahre ist, die dem Wesen der Ehe, der Liebe entspricht." Als Keller der moralisierende Charakter des Schlusses vorgeworfen wurde, verzichtete er in den 5 *späteren Ausgaben der Novelle darauf.*

Was die Sittlichkeit betrifft, so bezweckt diese Erzählung keineswegs, die Tat zu beschönigen oder zu verherrlichen; denn höher als diese verzweifelte Hingebung wäre jedenfalls ein entsagendes Zusammenraffen und ein stilles Leben voll 10 treuer Mühe und Arbeit gewesen, und da diese die mächtigsten Zauberer sind in Verbindung mit der Zeit, so hätten sie vielleicht noch alles möglich gemacht; denn sie verändern mit ihrem unmerklichen Einfluss die Dinge, vernichten die Vorurteile, stellen die Ehre wieder her und erneuern das 15 Gewissen, sodass die wahre Treue nie ohne Hoffnung ist. Was aber die Verwilderung der Leidenschaften angeht, so betrachten wir diesen oder ähnliche Vorfälle, welche alle Tage im niederen Volke vorkommen, nur als ein weiteres Zeugnis, dass dieses allein es ist, welches die Flamme der kräfti- 20 gen Empfindung und Leidenschaft nährt und wenigstens die Fähigkeit des Sterbens für eine Herzenssache aufbewahrt, dass sie zum Trost der Romanzendichter nicht aus der Welt verschwindet. Das gleichgültige Eingehen und Lösen von „Verhältnissen" unter den gebildeten Ständen von heute, das 25 selbstsüchtige, frivole Spiel mit denselben, die große Leichtigkeit, mit welcher heutzutage junge Leutchen zu trennen und auseinanderzubringen sind, wenn ihre Neigung irgend außer der Berechnung liegt, sind zehnmal widerwärtiger als jene Unglücksfälle, welche jetzt die Protokolle der Polizeibe- 30 hörden füllen und ehedem die Schreibtafeln der Balladensänger füllten. Wir sehen alle Tage etwa einen wohlgekleideten Herrn, der seine Frau oder Braut mitten auf der Straße plötzlich stehen lässt und auf die Seite springt, weil irgendeinem Schlächter eine alte Kuh entsprungen ist und bedroh- 35 lich dahergerannt kommt. Höchstens aus der Ferne, hinter einer Haustüre hervor, schwingt er sein Stöckchen und macht: Bscht! Bscht! Solche Leute werden sich allerdings nicht aus Eigensinn und Leidenschaft ums Leben bringen,

wenn man sie trennen will. Ebenso wenig diejenigen, welche in allen Zeitungen ihre „stattgefundene" Verlobung anzeigen und vierzehn Tage darauf einen Inseratenkrieg führen, wo jeder stark sich rühmt und behauptet, das „Verhältnis" zuerst
5 abgebrochen zu haben.

Ludwig Feuerbach:
Das Wesen des Christentums (Auszüge)

Ludwig Feuerbach vertritt in seiner Philosophie die Position eines Atheisten, d. h. er leugnet die Existenz Gottes. Das bedeutet, dass der Mensch sein Denken und Handeln nicht mehr von religiösen Vorstellungen (wie zum Beispiel des Christentums) ab-
5 *leiten kann, sondern sich neue Maßstäbe, neue Kriterien für sein Handeln setzen muss. Feuerbach verdeutlicht das u.a. durch seine Auffassung von der Ehe, die er deutlich der Auffassung in den beiden christlichen Kirchen entgegensetzt. Die Ehe wird nicht mehr ad maiorem Dei gloriam – zum höheren Ruh-*
10 *me Gottes – geschlossen, sondern hat ihren Wert in sich selbst, in der liebenden Verbindung zweier Menschen. Damit fallen auch alle Schranken und Verbote, die die christlichen Kirchen aufgestellt hatten, insbesondere das Verbot des vorehelichen Verkehrs. Der Verkehr ist nicht mehr einzig zu dem Zweck der*
15 *Fortpflanzung gestattet, sondern ist Ausdruck der Liebe und der Lust der Eheleute aneinander. Von daher wird es dann auch einsichtig, dass Vrenchen und Sali ihre Liebe wenigstens einmal genießen wollen, bevor sie aus dem Leben scheiden, und dabei absolut keine moralischen Bedenken haben.*

20 *In der von ihm so benannten „Schlussanwendung" seines philosophischen Hauptwerkes schreibt Ludwig Feuerbach:*

„Die Liebe zum Menschen darf keine abgeleitete sein; sie muss zur ursprünglichen werden. Dann allein wird die Liebe eine wahre, heilige, zuverlässige Macht. Ist das Wesen des
25 Menschen das höchste Wesen des Menschen, so muss auch praktisch das höchste und erste Gesetz die Liebe des Menschen zum Menschen sein. *Homo homini Deus est*[1] – dies ist

---

[1] Dieser Ausspruch steht in direktem Widerspruch zu dem weit verbreiteten *homo homini lupus est*, der besagt, dass der Mensch für

Ludwig Feuerbach (1804 – 1872). Kreidelithografie von Valentin Schertle (1809 – 1885) nach dem Gemälde von Bernhard Fries (1820 – 1879).

der oberste praktische Grundsatz – dies ist der Wendepunkt der Weltgeschichte. Die Verhältnisse des Kindes zu den Eltern, des Gatten zum Gatten, des Bruders zum Bruder, des Freundes zum Freunde, überhaupt des Menschen zum Menschen, kurz, die moralischen Verhältnisse sind an und für sich selbst wahrhaft religiöse Verhältnisse[1]. Das Leben ist über-

---

seinen Mitmenschen ein Wolf, das heißt ein grausamer Gegner sei. Feuerbach setzt dem entgegen: Der Mensch ist für den Menschen ein Gott.

[1] Wenn Feuerbach von religiösen Verhältnissen spricht, dann meint er das nicht im christlich-kirchlichen Sinne, sondern eher im Sinne

haupt in seinen wesentlichen Verhältnissen durchaus göttlicher Natur. Seine religiöse Weihe empfängt es nicht erst durch den Segen des Priesters. Die Religion will durch ihre an sich äußerliche Zutat einen Gegenstand heiligen; sie spricht dadurch sich allein als die heilige Macht aus; sie kennt außer sich nur irdische, ungöttliche Verhältnisse; darum eben tritt sie hinzu, um sie erst zu heiligen, zu weihen.

Aber die Ehe – natürlich als freier Bund der Liebe – ist durch sich selbst, durch die Natur der Verbindung, die hier geschlossen wird, heilig. Nur die Ehe ist eine religiöse, die eine wahre ist, die dem Wesen der Ehe, der Liebe entspricht[1]. Und so ist es mit allen sittlichen Verhältnissen. Sie sind nur da moralische, sie werden nur da mit sittlichem Sinne gepflogen, wo sie durch sich selbst als religiöse gelten. Wahrhafte Freundschaft ist nur da, wo die Grenzen der Freundschaft mit religiöser Gewissenhaftigkeit bewahrt werden, mit derselben Gewissenhaftigkeit, mit welcher der Gläubige die Würde seines Gottes wahrt. Heilig ist und sei dir die Freundschaft, heilig das Eigentum, heilig die Ehe, heilig das Wohl jedes Menschen, aber heilig an und für sich selbst."

Weiter unten fährt Feuerbach fort:

„Wo die Moral auf die Theologie, das Recht auf göttliche Einsetzung gegründet wird, da kann man die unmoralischsten, unrechtlichsten, schändlichsten Dinge rechtfertigen und begründen. Ich kann die Moral durch die Theologie nur begründen, wenn ich selbst schon durch die Moral das göttliche Wesen bestimme. Widrigenfalls habe ich kein Kriterium des Moralischen und Unmoralischen, sondern eine unmoralische, willkürliche Basis, woraus ich alles Mögliche ableiten kann. Ich muss also die Moral, wenn ich sie durch Gott begründen will, schon in Gott setzen, d.h., ich kann die Moral, das Recht, kurz alle wesentlichen Verhältnisse nur durch sich selbst begründen, und begründe sie nur wahrhaft, sowie es die Wahrheit gebietet, wenn ich sie durch sich selber

---

einer natürlichen Religion, einer ursprünglichen sittlichen Bindung der Menschen aneinander.

[1] Von diesem Satz aus wird der ursprüngliche Schluss der Novelle verstehbar.

begründe. Etwas in Gott setzen oder aus Gott ableiten, d.h. nichts weiter als etwas der prüfenden Vernunft entziehen, als unbezweifelbar, unverletzlich, heilig hinstellen, ohne Rechenschaft darüber abzulegen. Selbstverblendung, wo nicht selbst böse, hinterlistige Absicht, liegt darum allen Begründungen der Moral, des Rechts durch die Theologie zugrunde. Wo es ernst mit dem Recht ist, bedürfen wir keiner Anfeuerung und Unterstützung von oben her. Wir brauchen kein christliches Staatsrecht; wir brauchen nur ein vernünftiges, ein rechtliches, ein menschliches Staatsrecht. Das Richtige, Wahre, Gute hat überall seinen Heiligungsgrund in sich selbst, in seiner Qualität. Wo es ernst mit der Moral ist, da gilt sie eben an und für sich selbst für eine göttliche Macht. Hat die Moral keinen Grund in sich selbst, so gibt es auch keine innere Notwendigkeit zur Moral; die Moral ist dann der bodenlosen Willkür der Religion preisgegeben. Es handelt sich also im Verhältnis der selbstbewussten Vernunft zur Religion nur um die Vernichtung einer Illusion – einer Illusion aber, die keineswegs gleichgültig ist, sondern vielmehr grundverderblich auf die Menschheit wirkt, den Menschen wie um die Kraft des wirklichen Lebens, so um den Wahrheits- und Tugendsinn bringt; denn selbst die Liebe, an sich die innerste, wahrste Gesinnung, wird durch die Religiosität zu einer nur scheinbaren, illusorischen, indem die religiöse Liebe den Menschen nur um Gottes willen, also nur scheinbar den Menschen, in Wahrheit nur Gott liebt.[1] Und wir dürfen, wie gezeigt, die religiösen Verhältnisse nur umkehren, das, was die Religion als Mittel setzt, immer als Zweck fassen, was ihr das Untergeordnete, die Nebensache, die Bedingung ist, zur Hauptsache, zur Ursache erheben, so haben wir die Illusion zerstört und das ungetrübte Licht der Wahrheit vor unseren Augen. Die Sakramente der Taufe und des Abendmahls, die wesentlichen, charakteristischen Symbole der christlichen Religion, mögen uns diese Wahrheit bestätigen und veranschaulichen."

Aus: Ludwig Feuerbach: Sämtliche Werke, hrg. von Wilhelm Bolin und Friedrich Jodl. Stuttgart 1903-11, Reprint-Auflage 1959, Bd.VI, S. 326 f. und 330 f.

---

[1] Man denke dabei an das Christuswort: „Was ihr an dem geringsten meiner Brüder getan habt, das habt ihr mir getan."

4. Historisch-gesellschaftlicher Hintergrund

Adolf Muschg: Seldwyla

„Seldwyla" – kein literarischer Ort ist vom zitierenden Volksmund gründlicher missdeutet worden. In Festreden und Leitartikeln erscheint er so, als wäre er mit Schilda[1] zu verwechseln, ein Pfahlbürgerstädtchen[2], das sich in sei-
5 ner Borniertheit[3] selbst die lustigsten Streiche spielt; am Ende auch ein Ort gemütlicher Selbstgratulation. Auf diese Weise rückt man ihn fernab von den Tatsachen, die die beiden Bände der Seldwyler Geschichten illustrieren und die das schweizerische Selbstverständnis genauer treffen
10 könnten. Denn Seldwyla ist ein historisch wie psychologisch genau situierbarer Ort. Seine Bürger bewohnen eine ländliche Kleinstadt in der Mitte des 19. Jahrhunderts. Ihr Problem, mit dem sie nicht fertig werden, ist das Übergreifen kapitalistischer Weltwirtschaft und ihrer Verwertungs-
15 formen auf den Marktflecken, der bisher vom ländlichen Tausch gelebt hat. Sie müssen ihr Land und sich selbst zu Kapital machen, wenn sie überleben wollen; das gelingt ihnen aber nur ausnahmsweise. Das typische Wirtschaftsschicksal des Seldwylers ist der Abstieg vom Ackerbürger
20 zum Landproletarier. Dazu gehört die Zwischenstufe des Wirtberufs, wo die „Wirtschaft"[4] gleichsam unverstellt zum Zuge kommt und, da unverstanden, bald zum Bankrott zwingt. Es ist diese Form der „Liquidierung" – sie hat

---

[1] Schilda ist die Heimat der Schildbürger, die durch ihre närrischen Streiche berühmt wurden und z.B. in Körben Licht in ihr Rathaus tragen wollten, da sie vergessen hatten, in den Mauern die Fenster auszusparen.

[2] Pfahlbürger steht hier für die Bürger, die sich auf bzw. in ihren Pfählen, in ihren vier Wänden, gegen die ganze übrige Welt abgeschlossen haben, die völlig weltfremd sind.

[3] abgrundtiefe Dummheit, Verbohrtheit

[4] Typisch für dieses Schicksal ist Manz, der in Seldwyla den „Beruf" des Wirts ergreifen muss, nachdem er Haus und Hof und seinen letzten Acker verloren hat.

auch mit Alkohol zu tun –, die gewöhnlich am Ende der seldwylerischen Existenz steht. Auffällig, dass wirtschaftliche Tüchtigkeit, wenn sie sich doch einmal in Seldwyla zeigen sollte, von außen kommt (durch eine eingeheiratete Frau etwa) oder dass sie in der Fremde erworben werden [5] muss (Auswanderermotiv). Wo aber Seldwyla bei sich selbst ist, ist es die Heimat des ökonomischen Missgeschicks.

Ebenso auffällig freilich, wie erfinderisch sich der Seldwyler gegen die Zumutungen der Tüchtigkeit zu sträuben und sie [10] zu sabotieren weiß. Er tut alles, um sich den „Forderungen des Tages" zu entziehen: Er angelt, bummelt, spielt und trinkt und lässt allenfalls seine Frau für sich rackern. Zum gewinnbringenden Rechnen seiner bäuerlichen Herkunft nach wenig gerüstet, zu „redlich" genannter Arbeit nicht [15] willens, versucht er, das doppelte Defizit durch Wirtschaftsmagie wettzumachen. Er spekuliert oder versucht in der Lotterie, was er sein Glück nennt, das ihm, als notorisch Untüchtigem, dann nicht oder nicht lange hold zu sein pflegt. Er ist ein Pechvogel von Hause aus; da er den [20] Schaden nicht vermeiden kann, sucht er wenigstens dem Spott vorzubeugen, indem er ihn selbst praktiziert. Seldwyla ist der Inbegriff des halbwegs und fast immer zum eigenen Nachteil „emanzipierten" Landvolks, das die Solidität des Bodens gegen die gefährliche Mobilität der Indu- [25] striewirtschaft eintauschen soll. Keller kannte diese von Deklassierung und Überschuldung bedrohten Bauern und Kleinbürger aus den Nachbarstädtchen seiner Landheimat, Eglisau, Bülach, Regensberg, aber auch aus dem Hintersassenmilieu[1] Zürichs. Es war seine eigene soziale Herkunft, [30] die er im Lichte der Selbstironie und des Heimwehs zeichnete.

Aus: Adolf Muschg: Gottfried Keller. München: Kindler 1977, S. 182 ff.

---

[1] Hintersassen waren von einem Grundherrn abhängige Bauern, die dem Stand der Freien angehörten. Im Unterschied zu den voll berechtigten Gemeindemitgliedern hatten sie keinen Anspruch an die Allmende, an das Gemeindeeigentum.

Die Heimatlosen

*Das Problem der Heimatlosen wird in der Novelle sichtbar in
der Figur des Schwarzen Geigers. Schon seine Eltern gehörten
offenbar zu den Heimatlosen. Demzufolge wurde seine Geburt
auch nicht in das Geburts-Taufregister der Gemeinde eingetra-*
5 *gen; damit war er ein Ausgestoßener. Die beiden Bauern (Manz,
Marti) verharmlosen das Problem, wenn sie erklären, man könne schließlich nicht verlangen, dass der Pfarrer den Taufstein in
die Wälder trage. Auch die Berufung auf ein „Papier" (Fetzen
von einem Taufschein) soll lediglich verschleiern, dass die beiden*
10 *den Besitzanspruch des Schwarzen Geigers nicht anerkennen
wollen. Nicht nur er, sondern sicherlich viele dieser sogenannten
Heimatlosen sind vermutlich aus ökonomischem Egoismus der
Menschen ausgestoßen, entrechtet worden. Das Schicksal dieser Heimatlosen beschreibt der folgende Text.*

15 Jede Gemeinde, worunter in der Schweiz nicht Kirchenge-
meinde, sondern *politische* Gemeinde verstanden wird, deren Leben und Wohlfahrt im Staat eng verbündet ist, hat
nun ebenfalls eine *Gemeindeversammlung*, welche aus allen
Bürgern besteht, deren Namen, als zu ihr gehörend, im
20 *Bürgerbuche* eingetragen stehen. Das Eingetragensein in
diese Stammrolle ist von großer Wichtigkeit, denn ohne
dasselbe ist man *heimatlos,* und hieran knüpft sich in der
Schweiz ein trauriger, fürchterlicher Zustand, der zu den
größten Grausamkeiten und Abscheulichkeiten schon An-
25 lass gegeben hat, von allen Menschenfreunden und wohlge-
sinnten Männern aufs Tiefste beklagt wird, aber bis jetzt
keine Abhilfe gefunden hat, so oft und so laut auch edle
Stimmen sich erhoben haben. Die *Heimatlosen* sind ein
Schandfleck für die Schweiz, das kann man in hundert und
30 hundert Schweizerbüchern lesen, und Geschichten von
Verfolgungen und Grausamkeiten obenein, die das Blut er-
starren machen. Allein die Ursachen dazu liegen tief in
dem ganzen gesellschaftlichen Zustande der Schweiz be-
gründet, der darauf fußt, dass das Gemeindewesen alle ge-
35 sellschaftliche Ordnung stützt und trägt und jedes Ge-
meindeleben gleichsam einen kleinen Staat im Staate
bildet, welches sich neben dem Nachbar abgrenzt und aus

einer Reihe solcher Gemeindeverbände das Kantonalleben[1] darstellt, das ihre inneren Verschiedenheiten unangetastet lässt. Jeder Schweizer, der von gemeindebürgerlichen Eltern geboren ist, wird durch seine Geburt Bürger derselben Gemeinde, zu der seine Erzeuger gehören; dadurch auch Kantonsbürger und Bürger der Eidgenossenschaft. Er nimmt teil an allen politischen Rechten, übt diese auch nach den bestehenden Gesetzen, nimmt teil an dem gemeinsamen Vermögen der Gemeinde, wird unterstützt aus den Armengütern, wenn er bedürftig ist, und trägt zu den Lasten bei, welche gemeinsam getragen werden müssen. Er ist also voll berechtigt zu allem, sobald sein Name als Gemeindebürger im Gemeindebuche verzeichnet steht; aber wehe ihm, wenn er zu den Parias[2] gehört, die ihre Existenz in der Gemeinde nicht nachweisen können, was durch Unsicherheit der Zeiten, durch Verlust von Papieren, durch Betrug und Nachlässigkeiten und manche andere Umstände hergekommen sein kann. Dann ist er heimatlos; die Gemeinde stößt ihn von sich und keine nimmt ihn auf. Wie ein wildes Tier gehetzt flieht der Ausgestoßene von Ort zu Ort, wandert von Gefängnis zu Gefängnis, wird aus einem Kanton in den andern transportiert, gemartert, verfolgt, verflucht und überall hilflos gelassen, denn jeder dieser kleinen Staaten besteht aus einer geschlossenen Anzahl von Gemeinden, und außer diesen gibt es keinen Raum. [...] So sind denn die heimatlosen Wesen, denen die Erde unter den Füßen fortgezogen wird, die weder leben noch sterben können, und doch sind es Schweizer, ganz ohne Zweifel. Sie wissen, wo sie geboren sind, sie sind getauft und gute Christen, aber sie stehen nicht im Bürgerbuche, sie gehören nicht zur Gemeinde, das ist ihr Unglück und ihr Fluch.

Aus: Theodor Mügge: Die Schweiz und ihre Zustände. Reiseerinnerungen. Bd. I. Hannover 1847. S. 270/71 und S. 273

---

[1] Ein Kanton ist vergleichbar einem Bundesland.

[2] Die Parias, die so genannten Unberührbaren, sind eine Kaste in Indien. Sie leben auf der niedersten sozialen Stufe, die denkbar ist. Wer sie berührt, gilt als „unrein".

Die schweizerische Dorfgemeinde

Das schweizerische Dorf war bis zum Beginn der Indust-
rialisierung nicht nur ein Wirtschaftsraum, sondern auch
ein Sozialraum, vergleichbar mit der altgriechischen Polis.
Die Organisation des Dorfes entsprach der Organisation
5 des Hauses, so wie die *polis* (Stadt) der *oikia* (Hausgemein-
schaft) entsprach. Die Tätigkeit des Bauern beruhte nicht
auf dem kapitalistischen Prinzip der Gewinnmaximierung,
sondern auf dem der Versorgung; der einzelne Bauer ver-
sorgte primär sein Haus, aus den Überschüssen wurden
10 Defizite bei anderen, vor allem den ärmeren Dorfbewohnern ausgeglichen.
Wir können diese Regelungen in zwei Rechtsinstrumenten
fassen, die unter anderem das Gründen neuer Siedlungen
erschweren sollten. Das eine ist das Verbot des sogenann-
15 ten „Hinausbauens", das andere die dingliche Gerechtig-
keitsbeschränkung.
Das Verbot des „Hinausbauens" lernen wir aus einem Bericht an die „Öconomische Kommission" von 1808 für die
Gemeinde Embrach kennen. Dort heißt es: „Von Gemein-
20 derecht und Gesetzen wegen darf kein Bürger außer das
Dorf bauen, teils des Holzes wegen, teils der Sicherheit
der Güter, Pflanzen und Früchte wegen, dass keiner etwas
ungesehen könne nach Haus bringen." Bei „ungesehen
nach Hause bringen" ist wohl in erster Linie an Diebstahl
25 gedacht, in zweiter Linie aber wohl auch an die Kontrolle
des Anbaus.
Das zweite Rechtsinstrument, die dingliche Gerechtig-
keitsbeschränkung, besagt, dass nur derjenige Bürger das
Nutzungsrecht der Allmendgüter[1] besitzt, der in der Ge-
30 meinde ein Haus besitzt.
Insgesamt wurde von allen Dorfbewohnern, bewusst
oder unbewusst, der Idealfall der Autarkie[2] angestrebt, das
heißt der reinen Selbstversorgung. Dem Erfordernis der
Autarkie haben sich alle Bedürfnisse des Menschen unter-

---

[1] Land, das der ganzen Gemeinde gehört und von allen genutzt wird.
[2] Unter Autarkie versteht man einen Zustand, in dem sich eine Gemeinde völlig ohne fremde Hilfe versorgen kann.

zuordnen. Das gilt selbst für Eheschließungen, die in einem
bäuerlich strukturierten Land unter der Maßgabe geschlossen werden, dass ein lebensfähiger Hof erhalten
bleibt: „Es wurde also Sitte, die Güter beieinander und allein den Söhnen zu überlassen, und auch diese schränkten ₅
sich im Heurathen [Heiraten] ein, dass der Hof immer hin-
länglich blieb, die Haushaltung durchzubringen[1]. [...] Ein
Bauer kalkuliert so: Mein Hof mag nicht mehr als einen,
höchstens zwei Söhne ernähren, die andern mögen ledig
bleiben oder anderswo ihr Glück suchen" (vgl. Hirzel, ₁₀
zitiert nach R. Braun, S. 60). Wo die landschaftlichen Gege-
benheiten es zuließen, entstanden geschlossene Dorfsied-
lungen mit dem althergebrachten Prinzip der Dreifelder-
wirtschaft. Ähnlich wie die Polis war aber das Dorf – wie
schon gesagt – nicht nur Wirtschaftsgemeinschaft, sondern ₁₅
auch soziale und kultisch-religiöse Gemeinschaft, was z.B.
dadurch ersichtlich wird, dass der Pfarrer die „Standes-
amtsregister" führt, d.h. dass die Eintragungen des Pfarrers
ins Kirchenbuch die einzigen „Existenznachweise" des
Bürgers sind (vgl. die Rolle des Taufscheins bzw. des nicht ₂₀
vorhandenen Taufscheins für den Schwarzen Geiger). An
diese engen Bindungen wird man denken müssen, wenn
etwa die Frage diskutiert wird, ob Vrenchen und Sali auch
außerhalb ihrer Dorfgemeinde hätten leben können, z.B.
unter den Heimatlosen. ₂₅
Die Parallelen der Schweizer Dorfgemeinschaft zur Polis
lassen sich bis zu Einzelpersonen und ganzen Gruppen ziehen, eben den zuletzt genannten Heimatlosen, die aus der
Dorfgemeinschaft ausgeschlossen waren und dadurch ein
sehr eingeschränktes Leben fristeten. Ein vielfältiges Netz ₃₀
von sozialen, rechtsmäßigen und brauchtumsmäßigen Bindungen umschloss auf der anderen Seite diejenigen, die im
Dorf Heimatrecht hatten. Es war das „soziale Netz" der
vorindustriellen Zeit. Dieses Netz hatte allerdings auch
seine Schattenseiten. So konnte kein Bauer seinen Grund ₃₅
und Boden nach eigenem Gutdünken nutzen und bearbei-

---

[1] d.h., dass der Hof immer groß genug war, um die Existenz der bäuerlichen Familie und sonstiger notwendig dazu gehöriger Personen
zu sichern.

ten; er hatte sich nach den detaillierten Verordnungen zu richten, die bis ins Kleinste nicht nur die Art der Feldbestellung, sondern auch die Arbeitsmethoden, Arbeitstermine und Flureinteilung für jeden Bauern des Dorfs verbind-
5 lich regelten.

Äußerer Ausdruck dieser genossenschaftlichen Struktur war die oben bereits erwähnte Allmende, die von allen, vor allem aber von den ärmeren Dorfbewohnern genutzt wurde, die nicht über genügend eigenes Acker- und Weide-
10 land verfügten. Es gab ja nicht nur reiche, „gut besorgte" Bauern im Dorf, sondern selbstverständlich auch arme, hier wie überall in Europa. Selbstverständlich standen die Finanzen des Dorfes, d.h. das Kirchengut, Schützengut, Armengut, unter der Verwaltung und Kontrolle der reichen
15 Bauern, die auch an der politischen Spitze der Gemeinde standen, aber es wurde ordentliche Rechnung geführt, keiner machte den Versuch, sich auf Kosten anderer, d. h. ärmerer Mitbewohner des Dorfes zu bereichern.

Dadurch, dass sich seit dem Ende des 18. Jahrhunderts die Heimindustrie (Nebenerwerbstätigkeit der Bauern), die so-
20 genannte Verlagsindustrie, ausbreitet, nimmt auch die Bevölkerungszahl zu. Da jetzt die Existenzgrundlage nicht mehr ausschließlich der Ackerbesitz und Viehbestand ist, sondern weitgehend die aus der Heimspinnerei oder Heimweberei, also aus der Verlagsindustrie erzielten Einkünfte,
25 konnten mehr Söhne Ehen eingehen als vorher. Ein eindrucksvolles Bild der Situation gibt Salomon Schinz, Pfarrer zu Fischenthal, in seiner Synodalrede (zitiert nach R. Braun, S. 63): „Nimmermehr würde eine solche Menschenmenge in dieser rauen Gegend entstanden sein, hätte nicht der
30 reichliche Fabrikverdienst die Vermehrung und Ernährung derselben erleichtert und gefördert und so innerhalb eines halben Jahrhunderts die Volkszahl verdoppelt. Sollen also alle diese Menschen weiter hier leben, so ist ein solcher Verdienst, der sie gleichsam angepflanzt hat, durchaus
35 unentbehrlich." Im weiteren Verlauf geht Schinz auch auf die Gefahren dieser Entwicklung ein (Braun, S. 63): „Aber jeder bedeutende Unfall an seinem Vieh oder seinen Gütern etc. kann ihn in die Klasse der Armen, und wenn er einen unerbittlichen Creditor hat, in die Klasse der Hei-

matlosen stürzen. Und diese ist furchtbar zahlreich. Über 1360 Menschen aus meiner Gemeinde müssen ausschließlich von Fabrikverdienst leben und an 200 Haushaltungen haben kein liegendes, viele auch kein fahrendes oder bewegliches Eigentum, ihr Spinnrad, Webstuhl oder nötigstes ₅ Hausgerät und Kleider ausgenommen, und den Ärmsten manglet selbst das Letzte noch."

Darstellung nach: Rudolf Braun: Sozialer und kultureller Wandel in einem ländlichen Industriegebiet im 19. und 20. Jahrhundert. Zürich: Rentsch 1965.

Der Umgang der Geschlechter miteinander

Keller zeichnet am Anfang seiner Novelle ein Bild, wie es wohl traditionellen Vorstellungen (und auch Wünschen) entsprechen mag, aber sicherlich nicht sehr realistisch war. Wenn wir lesen, dass Vrenchen nun schon „unter der Obhut ihres Geschlechts" gehen musste, d.h. keinen, zumin- ₅ dest keinen offensichtlichen Kontakt mit jungen Männern haben durfte, da sie sonst als „Bubenmädchen" verschrien worden wäre, dann hört sich das sehr nach „heiler Welt" an, in der die Mädchen selbstverständlich als Jungfrauen in die Ehe gingen. In Wahrheit sahen die Verhältnisse ganz an- ₁₀ ders aus.

Die Verlagsindustrie[1] wirkte sich nicht nur auf das Anwachsen der Bevölkerungszahlen aus, sondern auch auf die Einstellung zur Ehe und zur Familiengründung. Da der bäuerliche Besitz (Ackerland, Vieh) nun nicht mehr die alleini- ₁₅ ge Existenzgrundlage darstellt, wird für die heiratsfähigen Bauernsöhne und Bauerntöchter der Spielraum ihrer persönlichen Ansprüche erweitert: „Eine viel intimere Sphäre umgibt jetzt den Ehekontrakt. Er ist ein Versprechen zweier Menschen, die mit ihm die Verwirklichung ihrer indivi- ₂₀ duellen Glücksansprüche erhoffen. Eine Individualisierung der Eheeinleitung und Eheschließung vollzieht sich" (zitiert nach Braun, S. 65).

---

[1] Verlagsindustrie bedeutet, dass die Arbeiter und Arbeiterinnen nicht in einer Fabrik arbeiteten, sondern die von ihnen zu fertigende Ware, in erster Linie Textilerzeugnisse, zu Hause anfertigten. Vgl. dazu auch den vorangegangenen Text.

Das Pendel schlug so weit aus, d.h. es wurden so viele
Ehen auf unsicherer wirtschaftlicher Basis geschlossen,
dass man teilweise glaubte, frühe Heiraten auf solcher Basis unterbinden zu müssen. „Nur durch ein verschärftes
Gesetz, durch harte Strafen und Beschränkungen der Pin-
tenschenken, wo das leichtsinnige Volk sich so ganz unge-
5 stört der Ausgelassenheit überlassen und zu solchen Bettelhochzeiten veranlasst werden kann, kann dem sehr
überhandnehmenden Übel (frühe Heiraten ohne Hausrat
und Vermögen) gesteuert und diese Quelle der Armut und
des vielfachen Elends verstopfet werden", so erklärt Joh.
10 Hirzel. (Zitiert bei Braun, S. 66)
Da die Verlagsindustrie – wie dargestellt – den jungen Leuten die Aussicht auf eine Existenzgrundlage eröffnet, deren
Basis ihre Arbeitskraft ist, werden begreiflicherweise auch
vorher bestehende Bedenken beiseite geräumt, sich mitein-
15 ander einzulassen. Ein Pfarrer Schulthess schreibt (zitiert
nach Braun, S. 68): „Der junge Bursche, sobald er konfirmiert ist, als ob es eine Weihe dazu wäre, [fängt an] einem
oder mehreren Mädchen nachzuschleichen". Die Töchter
aber, so fährt Schulthess fort, „wissend, dass sie unter kei-
20 nem andern Beding jemals einen Mann bekämen, öffnen
den Nachtbuben die Kammern und geben sich preis, der
gewissen oder ungewissen Hoffnung, im Falle der Schwän-
gerung der Schande nicht überlassen zu werden."
Um der geschichtlichen Wahrheit die Ehre zu geben, muss
25 nun allerdings auch festgestellt werden, dass Bräuche wie
der Kiltgang (vergleichbar etwa dem „Fensterln") oder das
„z'Licht go" nicht etwa erst durch die industrielle Entwicklung entstanden sind. Sie gehen auf vorindustrielle Zeiten
zurück.
30 Unter „z'Licht go" und den „Lichtstubeten" verstand man
nicht nur die geselligen Zusammenkünfte der jungen Mädchen und Burschen, sondern auch das nächtliche Beisam-
mensein der Liebespaare. Gegen diese weit verbreitete
Praxis regt sich allenthalben Widerstand, nicht nur bei der
35 Geistlichkeit. J. C. Nüscheler fordert in seiner Abhandlung
„Über die Revision der Matrimonialgesetze[1] im Kanton

---

[1] Ehegesetze

Zürich", dass diese „böse Sitte" des „zu Licht Gehens und der Lichtstubeten durch Geld oder Verhaftbuß" wieder verboten werden solle. Es sei, so führt er aus, „hier und da durch Missbrauch zur Sitte geworden, dass, sobald ein Hochzeiter seiner Verlobten Eheschreiben und Ehepfand 5 gegeben, er das Recht zu haben glauben will, dass dieselbe mit ihm die sog. ehelichten Pflichten erfülle. [...] Seit der ersten Revolution[1] artete aber das zu Licht Gehen, welches 1786 noch bei besagter Geldbuße verboten war, über alle Maßen aus, sodass nicht nur die Verlobten zu Licht gin- 10 gen, die einander ehelichen wollten, wie vor derselben, sondern auch die, so gar nicht gesinnt waren, sich zu eheli- chen, nur um verbotene Früchte zu genießen". Der oben schon zitierte J. G. Hirzel schreibt vom Knonauer Amt, dass es dort unter den Verlobten Sitte geworden sei, „so 15 lange im ledigen Ehestande zu leben, bis eine nicht mehr zu verhindernde Schwangerschaft zum Heiraten zwingt". (Zitiert bei Braun, S. 70)
Aus den vorstehenden Ausführungen darf nun nicht ge- schlossen werden, dass in der fraglichen Zeit in der 20 Schweiz die sexuelle Anarchie ausgebrochen wäre. Dass auch der voreheliche Verkehr nicht etwa einer sittlichen Grundlage entbehrte, kann man in der Sitte des „zu Ehren Ziehens" erkennen, die besagt, dass das geschwängerte Mädchen den Kindsvater moralisch zur Heirat zwingen 25 konnte. Ob damit eine gute Grundlage für eine dauerhafte Ehe gegeben war, steht auf einem anderen Blatt. Der oben zitierte Nüscheler sieht in diesem brauchmäßigen Zwang des „zu Ehren Ziehens" eine der wichtigsten Ursachen für die häufigen Ehescheidungen im Kanton Zürich. „Wenigs- 30 tens über die Hälfte der vielen Ehescheidungen in unserm Kanton nahm ihren Ursprung aus oben angeführten Ursa- chen. [...] Oft waltet in diesen Fällen bei Eltern und Kin- dern der Gedanke: Geht es in der Ehe glücklich, wohl und gut, so mag die Ehe fortbestehen – und ist doch die Ehre 35 gerettet; geht es aber nicht gut, so ist der Richter da zum Scheiden". (Zitiert bei Braun, S. 70)

---

[1] Gemeint ist die neue Bundesverfassung, die sich die Schweiz nach den napoleonischen Wirren gegeben hat.

Gottfried Keller scheint in seiner Denkweise sehr in traditionellen Vorstellungen verhaftet gewesen zu sein. Für ihn
könnte eventuell auch gelten, wenn sich der erwähnte
Pfarrer Schulthess beklagt: „Woher kommt es, dass gerade
5 in den Landesgegenden, wo die meisten leichtsinnigen
Ehen und Bettelhochzeiten geschehen, auch Jahr für Jahr
alle außereheliche Unzucht, Ehebruch, Hurerei, Eheschei-
dung überhand nimmt? Dass hingegen in den Gauen, wo
der alten Sitte zufolge von zwei, drei und mehreren Söh-
10 nen nur einer heiratet, welcher das väterliche Haus und
Gut zu erben hat, wenn nicht der eine oder andere sich
irgendwo einweiben kann oder sonst Haus und Heimat
nebst einem ordentlichen Broterwerb findet – dass, sag
ich, unter solchen Leuten die meiste Keuschheit und Sit-
15 tenreinheit noch anzutreffen ist? Woher kommt es dem-
nach, dass hie die Bevölkerung seit Menschengedenken un-
bedeutend zu- oder abgenommen hat, dort seit der Mitte
des 17. Jahrhunderts auf das 3- und 4-fache angeschwollen
ist?" (Zitiert bei Braun, S. 71)
20 Statistiken der unehelichen Geburten aus solchen „Landesgegenden", wie bei Schulthess erwähnt, zeigen deutlich,
dass in diesen Gebieten nicht nur „Keuschheit und Sitten-
reinheit" anzutreffen sind.
Begreiflicherweise sind die Maßstäbe für das Eingehen ei-
25 ner Ehe bei der Industrie treibenden Bevölkerung andere,
da jetzt nicht mehr die sachlichen Voraussetzungen (Be-
sitzstand) im Vordergrund stehen, sondern die eher persönlichen Ansprüche der Ehepartner. Ehen werden jetzt
nicht mehr geschlossen aus Rücksicht auf die Erhaltung
30 des bäuerlichen Besitzstandes, sondern weil man sich von
der Ehe die Erfüllung individueller Wünsche, individuellen
Glücks erhofft. Die Ehepartner werden zum Paar. Die Ansprüche an die Ehe, d.h. an das eheliche Zusammenleben,
werden nun differenzierter, persönlicher, inniger. Das heißt
35 nun allerdings nicht, dass diese Ehen auch immer diesen
hohen Ansprüchen genügen konnten. Da sie oft auf sehr
unsicherer wirtschaftlicher Basis geschlossen wurden, waren die Ehen gefährdeter als andere. Jede Krankheit führte
automatisch zur Erwerbsminderung, wenn nicht gar zur
40 Erwerbslosigkeit, und damit tauchen alle die Probleme auf,

die auch aus unserer Gegenwart bekannt sind und zu einem Zunehmen der Scheidungsrate führen.

Die Darstellung gründet sich auf: Rudolf Braun: Sozialer und kultureller Wandel in einem ländlichen Industriegebiet im 19. und 20. Jahrhundert. Zürich: Rentsch 1965

5. Erzähltechnische Aspekte

Zum Begriff der Novelle – ein Lexikonauszug

Novelle. Das lateinische Wort novella bedeutet „Neuerung in einem Gesetz". Daraus leitet sich italienisch „novella" ab, das eine Erzählung als Neuheit bezeichnet. In der Tat wird in einer Novelle eine, nach Goethe, „sich ereigne-
5 te, unerhörte Begebenheit" dargestellt. Meist geht es darum, wie das Schicksal eines Menschen in einer schwierigen Lage, in einer inneren oder äußeren Krise eine Änderung erfährt und plötzlich eine neue Wende nimmt.
Oft bezieht sich dabei die Handlung auf einen Gegenstand,
10 an dem sich der Einfluss des Schicksals besonders deutlich zeigt und spiegelt. Diesen Gegenstand nennt man auch den „Falken" einer Novelle, weil in einer Novelle des Boccaccio die Liebesgeschichte eines Mannes durch einen Falken eine glückliche Wendung nimmt. In der bekannten *Judenbu-*
15 *che* von Annette von Droste-Hülshoff spielt die Rolle des „Falken", also des Gegenstandes, in dem sich das Schicksal sozusagen „verdichtet", die im Titel genannte Buche.[1]
Die Form der Novelle soll knapp und straff sein und auf den Höhepunkt der Erzählung, den Wendepunkt, hinzielen.
20 Insofern ist sie mit der Anekdote verwandt, hat aber auch Ähnlichkeit mit dem Drama, das ja ebenfalls straff zum Höhepunkt der Handlung hinstrebt und kurz ausklingt. Es ist deshalb kein Zufall, dass William Shakespeare (England) manchmal Novellen als Grundlage für seine Dramen ver-

---

[1] In „Romeo und Julia auf dem Dorfe" spielt diese Rolle des Falken der Acker, allerdings in negativem Sinne. Der Acker ist zu Anfang der Novelle der Gegenstand, in dem sich die Welt des „gut besorgten Bauersmanns" verkörpert. In dem herrenlosen Acker, der dem Schwarzen Geiger gehört, wie die beiden Bauern wohl wissen, deutet sich das Unrecht der Bauern an, das latent die Sicherheit ihrer Existenz bedroht. Schließlich bricht beim Verkauf eben dieses Ackers das Verhängnis über die beiden herein; der Streit um das von Marti abgeschnittene „Dreieck" zehrt ihren gesamten Besitz auf und richtet sie physisch wie psychisch zugrunde. Zugleich bekommt dieser Acker auch die Funktion eines Leitmotivs.

wendet hat. Novellen sind seit der Antike bekannt, aber erst mit der Renaissance wurden sie zu einem festen literarischen Begriff. Den ersten Höhepunkt erlebte die Novelle in der Sammlung von Erzählungen, die der italienische Dichter Giovanni Boccaccio zwischen 1348 und 1353 unter dem Titel *Decamerone* herausgab (Italien). Hier erzählt sich eine Gruppe von Menschen, die vor der Pest aus Florenz geflohen ist, an zehn Tagen reihum interessante Geschichten, um sich die Zeit zu vertreiben. Die Unterhaltungen der Leute bilden dabei den „Rahmen", in den die Novellen eingebettet sind.

In der Romantik wurden die Novellen Boccacios wegen ihrer Behandlung des „Unerhörten" und ihrer stofflichen Vielseitigkeit wieder entdeckt. Als Erster nahm Goethe in den *Unterhaltungen deutscher Ausgewanderten* (1795) das Thema (Flucht) und den Aufbau (Geschichten in einer Rahmenhandlung) des *Decamerone* auf. Zwar gebrauchte er darin den Begriff „Novelle" noch nicht, schuf aber doch typische Novellen „sittlich-beispielhafter" Art. Später schrieb er (1827) ein Musterstück dieser Gattung in seiner *Novelle*, in der die Zähmung eines wilden Tieres durch „frommen Sinn und Melodie" geschildert wird.

Schicksals- und Entscheidungsnovellen schrieb Heinrich von Kleist, so in der *Verlobung von San Domingo* und im *Michael Kohlhaas*. Bekannt sind auch die oft das Wunderbare und Unheimliche streifenden Novellen von E. T. A. Hoffmann, z. B. *Das Fräulein von Scuderi, Das Majorat, Die Bergwerke von Falun* oder die zu einer der Vorlagen zu Richard Wagners Meistersingern gewordene Novelle *Meister Martin der Küfner*.

Weitere wichtige Novellendichter sind: Jeremias Gotthelf (*Die schwarze Spinne*), Eduard Mörike (*Mozart auf der Reise nach Prag*), C. F. Meyer (*Der Heilige, Plautus im Nonnenkloster, Der Schuss von der Kanzel*). Ebenso bedeutend als Novellendichter ist Gottfried Keller, von dem so bekannte Novellen wie *Romeo und Julia auf dem Dorfe* oder *Das Fähnlein der sieben Aufrechten* oder *Kleider machen Leute* stammen.

In unserem Jahrhundert tritt die Novelle etwas zurück, doch finden sich auch hier hervorragende Beispiele wie

der *Tod in Venedig* und *Mario und der Zauberer* von Thomas
Mann oder *Bahnwärter Thiel* von Gerhart Hauptmann. Auch
Werner Bergengruen, Stefan Andres und Gertrud von Le
Fort sind als bedeutende Novellendichter hervorgetreten.

Aus: dtv junior Literatur-Lexikon. Herausgegeben von Heinrich Pleticha. Cornelsen Verlag und Deutscher Taschenbuch Verlag, Berlin, München 1996, S. 63 – 64

Die Zeitstruktur der Erzählung

I. Erzählzeit und erzählte Zeit

Um die folgenden Ausführungen besser zu verstehen, müssen vorab zwei Begriffe erläutert werden: „Erzählzeit" und „erzählte Zeit".
Unter der „erzählten Zeit" versteht man den Zeitraum,
5 der vom Beginn der Erzählung (Novelle, Roman o. Ä.) bis zu deren Ende verstreicht. Diese „erzählte Zeit" kann von wenigen Stunden (z. B. in der Kurzgeschichte) bis zu mehreren Jahren bzw. Jahrzehnten reichen (z.B. im Roman, wenn dort eine Lebensgeschichte erzählt wird).
10 Unter der „Erzählzeit" versteht man den Zeitraum, den ein Leser / Vorleser braucht, um die Erzählung zu lesen bzw. vorzulesen.
Je größer das Verhältnis von „Erzählzeit" zu „erzählter Zeit" ist, desto weniger bedeutsam ist das Erzählte. Ein
15 Verhältnis von 1 : 2400 würde bedeuten: Das Geschehen, das der Erzähler erzählt / der Vorleser vorliest, und zwar in einer Stunde, würde – wenn es sich in der Wirklichkeit abspielen würde – 100 Tage oder 2400 Stunden dauern. Ein Verhältnis von 1 : 1 würde bedeuten, dass „Erzählzeit"
20 und „erzählte Zeit" nahezu identisch sind. Das kommt relativ selten vor, z.B. in Gesprächen, es signalisiert aber immer, dass das dargestellte Geschehen für den Autor bzw. Erzähler besonders wichtig ist. Als Grundregel kann man also aufstellen: Je ausführlicher der Autor erzählt, desto
25 wichtiger ist ihm das Erzählte.
Angewandt auf „Romeo und Julia auf dem Dorfe" ergibt das folgendes Bild (die Seitenzahlen beziehen sich auf die

Werkausgabe von Enders, Leipzig 1921, Band 3, lassen sich aber mit geringfügigen Abweichungen auf jede beliebige Werkausgabe übertragen):

1 Tag   − 10 Seiten
13 Jahre   − 16 Seiten
2 Tage   − 20 Seiten
2 Tage   − 37 Seiten

Zwischen den letzten beiden zwei mal zwei Tagen liegt ein Zeitraum von annähernd zwei Monaten.

Der erste Abschnitt der Erzählung (siehe oben: 1 Tag) berichtet von einem Morgen und einem Mittag im September. Die beiden Hauptfiguren, Vrenchen und Sali, sind zu diesem Zeitpunkt fünf bzw. sieben Jahre alt. Der zweite Abschnitt der Erzählung umfasst zwar textlich sechs Seiten mehr (Erzählzeit), beschreibt aber den größten verstrichenen Zeitraum der Novelle (13 Jahre). In wenigen Zeilen wird ein Zeitraum von drei Jahren gerafft. („Es kam eine Ernte um die andere, und jede sah die Kinder größer und schöner [...] werden" bis etwa zehn Zeilen weiter, „da der zehnjährige Salomon oder Sali, wie er genannt wurde, sich schon wacker auf Seite der größeren Burschen [...] hielt", S. 14, Z. 15-30). Gleich darauf wird dann der Tag der Versteigerung und die Tage der ersten groben Bearbeitung des von Manz ersteigerten Ackers auf wenigen Seiten dargestellt. Dieser Zeitabschnitt ist zeitlich nicht exakt fixiert, obwohl hier eigentlich die Geschichte erst richtig beginnt – alles zuvor Erzählte war ja gewissermaßen Vorspiel zu der Haupthandlung, die mit dem Streit der beiden Bauern um den von Marti in den Acker gefahrenen „Zipfel" beginnt. Ob mit dieser Handlung allerdings wirklich – wie eben gesagt – die Haupthandlung beginnt, muss infrage gestellt werden, wenn man die Verteilung der restlichen Textmengen auf den jeweils erzählten Zeitraum bedenkt.

Dazu kann man bei Tietgens: Möglichkeit einer Zeitgestalt-Untersuchung, dargestellt an Gottfried Kellers ‚Leuten von Seldwyla' lesen (S. 39):

„Der dritte [Abschnitt] erzählt ausnahmslos von dem darauffolgenden Tag. Der weitaus längste Abschnitt ist dann der vierte, obwohl auch er nur das letzte gemeinsam ver-

brachte Wochenende schildert, ja vor allem nur den letzten Abend, während die zwischen Abschnitt drei und vier
liegende Zeit von mehr als sechs Wochen auf zwei Seiten
zusammengedrängt ist.

5 Danach darf man also für die gesamte erzählte Zeit rund
14 Jahre ansetzen. Von dieser werden eingehend erzählt:
Der erste Tag ganz zu Anfang sowie die zwei letzten aus
dem Leben der Kinder, die fast die zweite Hälfte der Erzählung einnehmen. Näher ausgeführt sind dann noch die
10 Tage der Versteigerung und des Jätens – etwa im vierten
Jahr – sowie zwei Begegnungen nach der langen Entfernung
und dem Verfall der beiden Familien, etwa sechs Wochen
vor Schluss der erzählten Zeit. Die dazwischen liegenden
Zeiträume sind zusammenfassend wiedergegeben und neh-
15 men nur etwa ein Viertel der Erzählzeit in Anspruch."

2. Erzähltechniken

Da die erzählte Zeit von wenigen Stunden bis zu
Jahrzehnten reichen kann, die Erzählzeit aber nicht unbe-
grenzt ausgeweitet werden kann, muss sich der Erzähler
verschiedener Techniken bedienen, um die Fülle des Stoffs
20 zu beherrschen. Hierfür stehen ihm als wichtigste Instrumente zur Verfügung: Zeitgleichheit – Zeitdehnung – Zeitraffung.

Zeitgleichheit ist immer dann gegeben, wenn sich Erzählzeit und erzählte Zeit decken. Am sinnfälligsten erscheint
25 diese Deckungsgleichheit im Gespräch. Da im Gespräch
das Verhältnis Erzählzeit zu erzählter Zeit gleich 1 : 1 ist,
ergibt sich daraus – wie schon unter 1. erwähnt – dass
solche Partien für den Autor, d.h. natürlich auch für das
Verständnis des Werkes, besonders wichtig sind.

30 Zeitdehnung tritt dann auf, wenn die Erzählzeit viel Raum
einnimmt, die erzählte Zeit aber auf der Stelle tritt, d. h.
vor allem bei Beschreibungen. Ein eindrucksvolles Beispiel
für die Zeitdehnung ist die Beschreibung des verwahrlosten
Hofes von Marti, in die die Beschreibung Vrenchens hinein-
35 verwoben wird (z.B.: „Und wie die krausen Haare und die
rotgelben Kattunhalstücher zu Vrenchens Augen stand zu
diesen blinkenden Fenstern das wilde grüne Gewächs, was
da durcheinander rankte um das Haus ...", S. 40, Z. 13-16).

Wichtiger als Zeitgleichheit und Zeitdehnung, die ja für den Erzähler gewissermaßen unökonomisch sind, da sie viel Erzählzeit verbrauchen, ist für ihn die Technik der Zeitraffung, die es ihm ermöglicht, die Menge des Stoffes zu beherrschen, indem er ihm unwichtig erscheinende 5 Partien ausspart oder gleichförmig verlaufende Partien zusammenfasst. Eine besondere Technik des Raffens besteht in der sogenannten „Tagesreihe", die Eberhard Lämmert am Beispiel der Stifter-Novelle „Abdias" entwickelt hat (Eberhard Lämmert: Bauformen des Erzählens. Stuttgart 10 1955).

Bei den Raffungsarten werden im Wesentlichen zwei Arten unterschieden, die Sprungraffung und die durativ-iterative Raffung.

Sprungraffung liegt immer dann vor, wenn mit einem gro- 15 ßen Sprung ein größerer Zeitraum im Verlauf der Handlung übersprungen wird. In seiner Novelle „Pole Poppenspäler" beschreibt Theodor Storm die Kindheits- und Jugendgeschichte seiner Hauptfigur, insbesondere die Freundschaft mit der künftigen Ehefrau, dem „Lisei", sehr 20 ausführlich in der ersten Hälfte der Novelle. Dann heißt es etwa in der Mitte: „Es war um zwölf Jahre später."

Durativ-iterative Raffung kommt dann zum Tragen, wenn die verstrichene Zeit durch regelmäßig wiederkehrende Ereignisse, insbesondere in der Natur, verdeutlicht wird: „Es kam 25 eine Ernte um die andere, und jede sah die Kinder größer und schöner und den herrenlosen Acker schmäler zwischen seinen breit gewordenen Nachbarn. Mit jedem Pflügen verlor er hüben und drüben eine Furche, ohne dass ein Wort darüber gesprochen worden wäre und ohne dass ein 30 Menschenauge den Frevel zu sehen schien." (S. 14, Z. 15ff.)

Das wohl eindrucksvollste Beispiel einer durativ-iterativen Raffung steht in der Erzählung „Unverhofftes Wiedersehen" von Johann Peter Hebel:

„Unterdessen wurde die Stadt Lissabon in Portugal durch 35 ein Erdbeben zerstört, und der Siebenjährige Krieg ging vorüber, und Kaiser Franz der Erste starb, und der Jesuiten-Orden wurde aufgehoben und Polen geteilt, und die Kaiserin Maria Theresia starb, und der Struensee wurde hingerichtet, Amerika wurde frei, und die vereinigte fran- 40

zösische und spanische Macht konnte Gibraltar nicht erobern. Die Türken schlossen den General Stein in der Ve-
teraner Höhle in Ungarn ein, und der Kaiser Joseph starb
auch. Der König Gustav von Schweden eroberte Russisch-
5 Finnland, und die Französische Revolution und der lange
Krieg fingen an, und der Kaiser Leopold der Zweite ging
auch ins Grab. Napoleon eroberte Preußen, und die Eng-
länder bombardierten Kopenhagen, und die Ackerleute sä-
eten und schnitten. Der Müller mahlte, und die Schmiede
10 hämmerten, und die Bergleute gruben nach den Metalla-
dern in ihrer unterirdischen Werkstatt."

Die Erzählperspektive der Novelle

Die Geschichte von den Bauern und ihren Kindern wird
von einem allwissenden, d.h. auktorialen Erzähler wiedergegeben. Er hat Einblick in das Wesen und die inneren Vor-
gänge der Figuren:
5 „Die Gedanken der sonst so wohlweisen Männern waren
nun so kurz geschnitten wie Häcksel; der beschränkteste
Rechtssinn von der Welt erfüllte jeden von ihnen, indem
keiner begreifen konnte noch wollte, wie der andere offenbar unrechtmäßig und willkürlich den fraglichen unbedeu-
10 tenden Ackerzipfel an sich reißen könne. Bei Manz kam
noch ein wunderbarer Sinn für Symmetrie und parallele Linien hinzu, und er fühlte sich wahrhaft gekränkt durch den
aberwitzigen Eigensinn, mit welchem Marti auf dem Dasein
des unsinnigsten und mutwilligsten Schnörkels beharrte.
15 Beide aber trafen zusammen in der Überzeugung, dass der
andere, den andern so frech und plump übervorteilend, ihn
notwendig für einen verächtlichen Dummkopf halten müsse, da man dergleichen etwa einem armen haltlosen Teufel,
nicht aber einem aufrechten, klugen und wehrhaften Manne
20 gegenüber sich erlauben könne, und jeder sah sich in seiner
wunderlichen Ehre gekränkt [...]" (S. 19/20).
Der Erzähler besitzt genaue Kenntnisse darüber, wie die Figuren sich selbst und die Situation, in der sie sich befinden,
einschätzen und welche Gefühle sie empfinden („er fühlte
25 sich [...] gekränkt"). Doch der Erzähler begnügt sich nicht

mit einer bloßen Schilderung der Gedanken und Handlungen der Figuren, er kommentiert und bewertet sie auch, indem er zum Beispiel den Rechtssinn der Männer als „beschränkt" und ihr Ehrgefühl als „wunderlich" bezeichnet. Die Allwissenheit des Erzählers äußert sich auch darin, dass er die Entwicklung, die die Ereignisse nehmen, im Gegensatz zu den Figuren von Anfang an überblickt. Als Sali und einige Tagelöhner den wilden Acker von Unkraut und Steinen befreiten, bemerkt der Erzähler:

„Dies war das letzte Freudenfest auf dem Unglücksfelde" (S. 18).

Als Manz und Marti mit ihrem Streit vor Gericht gehen, heißt es:

„und von diesem Tage an lagen die zwei Bauern im Prozess miteinander und ruhten nicht, ehe sie beide zugrunde gerichtet waren" (S. 19).

Der Erzähler weiß bereits an dieser Stelle, dass Manz und Marti unaufhaltsam ihrem Untergang entgegengehen. Er weiß auch, welches Schicksal Sali und Vrenchen erwartet, als diese noch „in lieblicher Hoffnung" über die Dörfer gehen:

„[...] die armen Leutchen mussten an diesem einen Tage, der ihnen vergönnt war, alle Manieren und Stimmungen der Liebe durchleben und sowohl die verlorenen Tage der zarteren Zeit nachholen als das leidenschaftliche Ende vorausnehmen mit der Hingabe ihres Lebens" (S. 70).

Mit diesen vorausdeutenden Bemerkungen lässt der Erzähler den Leser an seinem Wissen teilhaben. Seine Aufmerksamkeit wird damit nicht so sehr auf den Ausgang der Geschichte gelenkt – bereits im Titel wird ihm ja angezeigt, dass sie nicht anders als tragisch enden kann –, sondern vielmehr auf den Ablauf der Handlung, d.h. darauf, *wie* und *warum* es zu diesem tragischen Ende kommt.

Aus: Beate Hermes: Lektürehilfen. Gottfried Keller: Romeo und Julia auf dem Dorfe. Stuttgart: Ernst Klett Verlag 1989, S. 78–79.

6. Eine Charakterisierung verfassen – Tipps und Techniken

Gottfried Keller zeichnet in seiner Novelle das Bild einer Schweizer Dorfgemeinschaft. Keineswegs erfolgt dieses auf dem Weg einer idyllischen Schilderung; vielmehr führt der Autor in kritischer Absicht dem Leser und der Leserin ei-
5 ne Gesellschaft vor, die in ihren Werten erschüttert ist.
Von besonderem Interesse ist dabei die Art und Weise, wie sich die Menschen in dieser Gesellschaft verhalten, welche Prägungen sie erfahren und wie sich ihre individuellen Charaktere entwickeln. Vreni und Sali, ihre Eltern oder aber
10 der Schwarze Geiger sind in diesem Zusammenhang von besonderem Interesse und eignen sich besonders für eine genauere Untersuchung, um auf diesem Weg zu einem differenzierten Verständnis der Novelle zu gelangen.
Die Charakterisierung einer literarischen Figur ist das Er-
15 gebnis einer genauen Beschreibung und Deutung der Textvorlage.
Dabei können folgende Teilgesichtspunkte berücksichtigt werden:

• Welche Bedeutung hat die Figur für das Geschehen
20 (Hauptfigur, Nebenfigur …)?
• Erfährt der Leser etwas über die äußere Erscheinung, über Alter, Beruf und soziale Stellung?
• Welche Gewohnheiten, Einstellungen und Verhaltensweisen der Person, die „charakteristisch" (bezeichnend und
25 wesensgemäß) sind, werden im Text deutlich?
• Wie wird die Person von anderen eingeschätzt?
• Welche Beziehung besteht zwischen der zu charakterisierenden Person und anderen Handlungsträgern des Textes? Nimmt die Person in besonderer Weise Einfluss
30 auf die Lebensgestaltung anderer Personen oder ist sie dem Einfluss durch andere in besonderer Weise ausgesetzt?
• Welche Veränderungen, Entwicklungen im Äußeren und in Wesenszügen der Person werden im Text verdeut-
35 licht? Diese Frage ist besonders bei längeren Texten, die einen größeren Zeitraum umspannen, von Bedeutung.

Aussagen zur Charakterisierung einer literarischen Figur stellen vielfach Deutungen dar, die durch den Text belegt werden müssen. Das gilt auch für die Kennzeichnung von äußeren Merkmalen, die auf größere Zusammenhänge verweisen. Wichtig ist es also, mit Zitaten zu arbeiten und sprachliche Besonderheiten zu benennen. Dazu gehören auch besondere Sprechweisen, Gesten usw., die von der Autorin oder dem Autor hervorgehoben werden. Wichtig ist, dass bei der Darstellung nicht so sehr der Inhalt der Textvorlage im Mittelpunkt steht, sondern die tatsächliche Charakterisierung der Figur.

Folgende Arbeitsschritte bieten sich für die Erstellung einer Charakterisierung an:

- Entsprechende Stellen sollten zunächst im Text markiert und am Rand mit Stichworten versehen werden.
- Anschließend sollte eine Sichtung des Materials erfolgen, indem zum Beispiel die Fragen oben stichwortartig beantwortet werden.
- Im nächsten Schritt werden nun der Aufbau der Charakterisierung festgelegt und die Schlüssigkeit des Aufbaus überprüft. Auch hier können die Fragen oben hilfreich sein.
- Nun erfolgt das Verfassen der Charakterisierung. Der aufgeschriebene Text sollte auch äußerlich durch Absätze gegliedert und somit leserfreundlich gestaltet sein.